Lire, imaginer, composer

Short stories from the francophone world

(2nd edition)

Sheila Barbour

(formerly Head of Languages at Godalming Sixth Form College)

General editor: Jenny Ollerenshaw

Acknowledgements

The publisher wishes to thank the following sources for their kind permission to reproduce copyright material.

Texts

Monsieur Blink, Michel Tremblay, tiré de *Contes pour buveurs attardés*, Leméac (Bibliothèques québécoises), Montréal, 1996

L'entretien, Frédéric Gerchambeau, *Il n'est jamais trop d'Art* (http://pagesperso-orange.fr/frederic. gerchambeau/lentretien.htm), 2000 et Bonnes nouvelles (http://www.bonnesnouvelles.net/ entretien.htm), 2002

Scooter au bout de la nuit, Philippe Lacoche, Collection: Renaudot & Cie, Editions du Rocher, Monaco, 1994

Le diable et le champignon, Michel Tremblay, tiré de *Contes pour buveurs attardés*, Leméac (Bibliothèques québécoises), Montréal, 1996

Portrait de famille, Maryse Condé, tiré du *Coeur à rire et à pleurer*, Robert Laffont, Paris, 1999

Vincento, Gabrielle Roy, tiré de *Ces enfants de ma vie*, collection Boréal Compact, Editions du Boréal, Montréal, 1993. Copyright: Fonds Gabrielle Roy

Cover photograph

© fwed – fotolia.com (Saut de la lézarde, Guadeloupe)

Illustrations

Sue Ollerenshaw

Published by Advance Materials, 41 East Hatley, Sandy, Bedfordshire, SG19 3JA, UK

www.advancematerials.co.uk

First edition 2000

Second edition 2010

© Advance Materials 2000, 2010

Printed in the United Kingdom by Printondemand-worldwide, Peterborough

A catalogue record for this book is available from the British Library

Book and cover design by Glen Darby

Illustrations by Sue Ollerenshaw

Edited by Catherine Loridan

ISBN 978-0-9565431-1-0

Contents

Unit	Short story title and author	Topics and vocabulary	Grammar	Teacher's notes	Students' notes
Unit 1	**Monsieur Blink** *Michel Tremblay*	Politics Elections	future superlatives pluperfect pluperfect + conditional perfect	**p8**	**p14**
Unit 2	**L'entretien** *Frédéric Gerchambeau*	World of work Economy	conditional adjectives pronouns *y* and *en* prefix *hyper–*	**p27**	**p34**
Unit 3	**Scooter au bout de la nuit** *Philippe Lacoche*	Disability Relationships Music	past historic perfect	**p51**	**p57**
Unit 4	**Le diable et le champignon** *Michel Tremblay*	Conflict War	imperatives (positive and negative)	**p68**	**p75**
Unit 5	**Portrait de famille** *Maryse Condé*	French colonial issues Identity Family	future imperfect conjunctions and prepositions of opposition emphatic pronouns	**p93**	**p101**
Unit 6	**Vincento** *Gabrielle Roy*	Education Relationships	subjunctive *après avoir*, *après être*, *après s'être* + past participle	**p116**	**p128**

Introduction

Pedagogical aims

- to enable students to read the selected French short stories quickly and with enjoyment

- to introduce students to literature from inside and outside l'Hexagone

- to stimulate the students' imagination and interest by encouraging them to interact with the text they are reading and with their fellow students

- to provide an entertaining focus for creative oral and written work

- to widen the students' vocabulary and grammatical knowledge by practice within a given context

- to provide a creative focus for the development of the students' capacity to speculate, persuade and present viewpoints in French

- to make literature fun!

Organisation

Each unit is self-contained and they can be studied in any order. The work in each unit centres around an original short story. The units are divided into two sections: the teacher's notes and the students' worksheets. The **teacher's notes** contain biographical notes on each author, a suggested lesson plan and suggested / possible answers. There is also a list of French-English vocabulary that may be photocopied and given to the students to study in advance of working on the unit in order to facilitate comprehension. The **students' worksheets** may be photocopied and distributed in class. The stories are gradually introduced to the students in sections that are presented in turn, followed by one or more exercises, usually involving prediction, speculation, comprehension and vocabulary building. Where necessary, key support vocabulary is given with definitions in French. Throughout this guided interaction with the text, the students gain an insight into reading strategies and comprehension techniques.

Once the whole story has been read the students are given grammar exercises relating to grammar that has arisen out of the text. This is often followed up by productive exercises that get the student to re-use the vocabulary that they have explored in the story.

The complete text of the story is presented at the end of each unit.

How to use the book

The materials in this book are intended for classroom use with a teacher or language assistant. The students' worksheets can either be photocopied and given out to the students or they can be photocopied onto overhead transparencies and used with an OHP. If you opt to give out worksheets, please make sure that you do not give the student the whole unit at once – if they look ahead at worksheets that they have not reached yet, many exercises could be invalidated. Where the worksheets are marked with dotted lines ask the students to fold the sheet so that they do not see the next part of the text.

Many of the exercises are intended to get the students thinking and interacting with each other. Often they are asked to speculate – for example on what might happen next in the story. In such cases there will be no 'correct' answer – the aim is simply to get the students to communicate their thoughts and to react to the story. It is important to let the students enjoy these opportunities for creativity, and to give them a licence to express their ideas – however outlandish or ridiculous – *as long as they are in French!*

Where specific previous grammatical knowledge is required for the exercises, the teacher is advised of the fact in the relevant teacher's section of the notes. All the stories are written in the past historic, but the student is not expected to use the tense productively. Verbs that might cause recognition problems are listed in the vocabulary sections.

We hope that this collection of short stories will provide opportunities for students to be creative both in spoken and written French, while also offering practice in a wide range of grammatical structures. Above all, we hope that they will find the stories and exercises entertaining, amusing and thought-provoking.

Expressions à utiliser dans une discussion

Pour exprimer votre opinion

(pour ma part), je pense que...	I think that...; my own view is that...
je considère que...	It's my opinion that...; I think that...
(personnellement) je trouve que / j'estime que...	(personally) I think that...
on dirait que...	you might say; think that...
en ce qui me concerne... / pour ma part...	as far as I'm concerned...
j'ai l'impression que...	I get the impression that...
il me semble que...	it seems to me that...
à mon avis...	in my opinion...
je suis convaincu que...	I'm convinced; sure that...
si vous me demandez mon avis...	if you ask me...; if you want my opinion...

Pour éviter d'exprimer votre opinion

je préférerais ne pas donner mon avis sur...	I would prefer not to comment on...
je n'ai pas la moindre idée de ce que...	I don't have a clue about what...
je n'ai pas d'opinion particulière sur...	I have no particular views about...
je ne sais pas quoi penser de...	I don't know what to think about...

Pour exprimer la probabilité

il est (très) probable que...	it is (very) likely that...
cela ne m'étonnerait pas d'apprendre que...	it wouldn't surprise me to learn that...
il est logique de penser que...	it stands to reason that; it is logical to think that...
il y a de fortes chances que...	there is a good chance; likelihood that...
il est peu probable que...	it is unlikely that...

Pour exprimer la possibilité

il est (fort) possible que...	it is (very) possible that...
peut-être que...	perhaps...
il se peut que... / il se pourrait que... (+ subjonctif)	it may be that...
il n'est pas impossible que... (+ subjonctif) / il y a peu de chances que... (+ subjonctif)	there is an outside chance that...
il y a de bonnes raisons de penser que...	there is good reason to believe that...
il semblerait que...	it would seem; appear that...

Pour appuyer un argument

il est manifeste / évident / clair que…	it's obvious; clear that…
on ne peut nier que…	you can't deny that…
ce qui est sûr, c'est que…	what's certain is that…
tout semble indiquer que...	everything seems to point to the fact that...

Pour émettre un doute

il n'est pas sûr / certain que… (+ subjonctif)	it is questionable whether…; it's not definite; certain that…
il se peut que… (+ subjonctif)	it may be that…
jusqu'à un certain point / dans une certaine mesure…	up to a point…
je doute que...	I doubt that…
ce n'est pas forcément le cas	that's not necessarily the case
rien ne prouve que...	there is no evidence that...

Pour exprimer votre accord

je suis (entièrement) d'accord (avec…)	I (totally) agree (with…)
j'accepte...	I accept...
je peux accepter… (mais…)	I can accept… (but...)
tu as / vous avez raison de dire que...	you are quite right to say that...
je reconnais que...	I take your point that...
il est vrai que... (mais...)	it is true that... (but...)

Pour exprimer votre désaccord

je ne suis pas d'accord…	I don't agree…
je n'arrive pas à accepter…	I can't accept…
il m'est impossible d'accepter…	I really can't accept…
je trouve difficile d'accepter…	I find it hard to accept…
je ne partage pas votre point de vue	I don't share your point of view
ce n'est pas le cas!	that's not the case!
tu as / vous avez tort!	you are wrong!

Pour opposer deux notions

pourtant / cependant	however; (and) yet
néanmoins	nevertheless
par contre / en revanche	on the contrary; on the other hand
d'une part… d'autre part	on the one hand… on the other hand

Introduction

Monsieur Blink

Michel Tremblay

Teacher's notes

Structures	Language context
future tense	making promises
superlatives	making claims
pluperfect tense	speculating on what had happened prior to the events of the story
pluperfect + conditional perfect	speculating on what would have happened if…

Michel Tremblay was born in Montréal in 1942. He began writing early in life while training at the Institut des Arts Graphiques and it was during his time there that he produced the collection of short stories *Contes pour buveurs attardés* from which *Monsieur Blink* is taken. This is rather a bizarre collection of tales, some comic, some macabre.

Tremblay is a prolific and popular novelist, playwright, song writer and translator and he has also written film scripts. He has adapted or translated Aristophanes, Tennessee Williams and Chekhov among others and his own plays have been performed all over the world. Among his plays and novels are *Les belles-sœurs* (1968), *La grosse femme d'à côté est enceinte* (1986) and, more recently, *À toi pour toujours, ta Marie-Lou* (1992).

In the course of working on this story students will:

- use their imagination to predict how the story will unfold

- suggest an ending to the story

- pay particular attention to the vocabulary of politics

- practise use of tenses, particularly future, pluperfect and conditional perfect

- practise use of the superlative.

Suggested lesson plan and answers

Most of the questions on the text of *Monsieur Blink* are designed to elicit short oral answers (one word or a short phrase). The emphasis should be on pace, reading and contributing quickly and, hopefully, making each other laugh! The worksheets for this story are particularly suited to use with the OHP. You may find it helpful to revise adjectives for describing character and possibly the future tense beforehand, given the answers that questions 6 and 15 might require. Revision of superlatives, including the use of *le / la / les moins*, is also recommended.

You should also point out to students the correct conventions for using upper case 'M' or lower case 'm' for *monsieur,* i.e. 'Monsieur Blink', but 'un petit monsieur'. This is important to note, since the author does not observe the conventions, systematically using a lower case 'm' where an upper case one would be normal.

Exercice 1

Qu'a-t-il vu?

All that is envisaged here is a one-word or short-phrase answer. The words 'Qui avait osé' suggest that this is a bad joke. Remember too that these exercises are purely speculation on the part of the student, so that there are no 'correct' answers. Students should be using their imagination and expressing themselves in French.

They might like to make this personal and imagine what would be a bad joke for them.

If support is needed, you could suggest structures such as:

il y avait... (il y avait une tête de mort)

on avait mis... (on avait mis sa collection de verres de cristal...)

Exercice 2

Qu'y avait-il?

Again, a very brief answer is all that is needed. Useful structures might include:

On pouvait lire..., le visage de... en lettres noires et jaunes..., etc.

Exercice 3

Imaginez ce qu'a lu M. Blink.

Only a very brief answer is required.

Possible structures:

a question – *Avez-vous vu (cet homme)?*

an imperative – *Regardez (cet homme)!*

a statement – *On recherche (cet homme).*

Exercice 4

Pourquoi a-t-il eu peur, à votre avis?

Possible structures:

pluperfect – *Qui avait (+ participe passé)...?*

imperfect – *il ne comprenait pas (pourquoi / qui / ce que)...*

Exercice 5

Que feriez-vous si vous voyiez votre visage placardé sur une affiche au centre ville?

Je me cacherais. J'appellerais le journal local. J'irais au commissariat de police. Je prendrais l'avion pour Tombouctou, etc.

Exercice 6

Trouvez des adjectifs pour décrire le caractère de M. Blink.

Suggest that the students try this exercise in pairs first without the use of a dictionary. Once the class has fed back, you might want them to look for more adjectives using a dictionary, or you might just prefer to provide them with more suitable adjectives and either give them the translations, or ask them to guess at the meanings.

Adjectives which are suitable include *timide, peureux, craintif, modeste, effacé.*

Exercice 7

Qu'y avait-il?

son nom en lettres majuscules

une photo de M. Blink, etc.

Exercice 8

Imaginez ce qu'a dit le petit garçon à sa mère.

Maman, tu vois qui c'est?

Ce monsieur-là, c'est celui qui est dans le journal!

Maman, qu'est-ce qu'il a, ce monsieur?

Pourquoi il n'a pas de cheveux, le monsieur, maman?

Exercice 9

Imaginez ce qu'a fait la mère.

Elle a dit: «Tais-toi.»

Elle a saisi le journal.

Elle a crié: «C'est Monsieur Blink!»

Teacher's notes

Exercice 10

À votre avis, que portait le pharmacien à sa boutonnière?

Une petite photo de Monsieur Blink

Un badge avec les mots: «Votez pour Monsieur Blink!»

Une rose rouge

Exercice 11

Complétez la phrase.

Students have to fill in the blank, by speculating about what was happening that evening. Note that in the original text we are not told what was written on the ribbon.

Le cinéma / le meeting ce soir?

Explain to the students that the word 'meeting' is always political in French.

Exercice 12

Inventez un slogan pour ce rassemblement.

Possible structures include:

* an imperative – *Venez voir...!*

* a question – *Voulez-vous...? / Avez-vous...?*

* Pour... – *Pour un monde meilleur...*

Possible slogans:

Venez voir le prochain Premier ministre!

En avez-vous marre de la corruption? Des promesses non tenues? Écoutez Blink ce soir!, etc.

Exercice 13

Soudain, M. Blink entendit un bruit dans la rue. Quel était ce bruit, à votre avis?

des coups de fusil

des cris

une explosion

un mégaphone qui prononçait son nom

Exercice 14

Qu'a dit la concierge?

Students must imagine what the concierge could have said that nearly caused a riot.

M. Blink est parti / mort / ne veut pas vous voir, etc.

Exercice 15

Imaginez les deux déclarations les plus frappantes que M. Blink pourrait avoir faites au rassemblement.

It is likely that the students will need to use the future tense (see exercise 18 below).

Je supprimerai les impôts!

Tout le monde aura droit à trois mois de congés payés!

Nous ferons construire le plus grand stade de base-ball du monde!

Exercice 16

À votre avis, qu'était-il inscrit sur la banderole?

Point out to the students that in the original story this is left blank so that it is left to the reader's imagination.

Exercice 17

Finissez l'histoire.

When they have made up their own ending you may want to tell them how the story did in fact end: «*Le lendemain monsieur Blink était élu Premier ministre de son pays.*»

Point out to the students the use of the 'picturesque' imperfect in this final sentence, which is used here for stylistic effect. Normally one might expect the sentence to read *Le lendemain monsieur Blink fut élu...* (or *a été élu* if it had been told in the perfect tense) as it is a completed action in the past. However, here, the imperfect presents the action as unfolding before our very eyes, hence the stylistic effect. It should be stressed that this use of the imperfect is for recognition only at this stage, and that the students should not attempt to use it themselves.

Exercice 18

Writing ten promises using the future.

The future tense should be revised if necessary before attempting this exercise, and it would be worthwhile introducing the structure **quand + future** if it is not known. Also **faire + infinitive** (e.g. *faire construire*) should be explained if it is not familiar. This exercise also provides the opportunity to reuse and extend some of the political vocabulary encountered in the story.

Si vous votez pour moi, ma priorité absolue sera l'éducation, l'éducation, et encore l'éducation!

Le nouveau gouvernement annulera la dette du Tiers Monde.

Quand nous serons élus, nous rétablirons la peine de mort.

Exercice 19

Exercise on the superlative.

Using the structure **le / la / les moins + adjective** should also be encouraged here.

1 *Cet homme politique est convaincu qu'il offrira les impôts <u>les moins élevés</u> du siècle.*

2 *Le Ministre des Transports assurera les routes <u>les moins</u> encombrées et les centres-villes <u>les plus</u> agréables d'Europe.*

3 *Le Ministre des Finances propose d'augmenter les impôts pour fournir les allocations les plus généreuses du monde.*

Possible answers:

Le politicien qui rétablira la peine de mort créera les villes les plus sûres / les moins dangereuses du monde.

Le Ministre de l'Education Nationale modernisera les collèges et les lycées en les équipant d'ordinateurs les plus performants.

Exercice 20

Exercise on the plus-que-parfait.

a *avait pris*

b *avait appelé*

c *s'étaient retrouvés*

d *avaient décidé*

e *avaient produit*

f *avaient collé*

g *avaient distribué*

h *avaient mis*

i *avaient choisi*

j *avaient invité*

Exercice 21

Exercise on the conditionnel passé.

You may wish to revise the conditional perfect before embarking on this exercise.

a *Le téléphone aurait sonné toute la nuit.*

b *Il y aurait eu une émeute / Une émeute se serait produite.*

c *Tout le monde aurait mis son maillot de bain / Ses supporters auraient mis leur maillot de bain.*

d *Il aurait dit des bêtises / Il aurait fait des erreurs.*

e *M. Blink aurait été content / soulagé.*

Exercice 22

This role play exercise is intended to give students the opportunity to recount and embellish the events of the story as if they had been living next door to M. Blink. They could talk about what sort of man he was, their amazement at what happened and give their own account of what they heard and saw on the night he was carried through the streets and appeared at his election rally.

You might want to encourage them to develop expressions of astonishment such as:

C'était incroyable!

Je n'en croyais pas mes yeux/mes oreilles!

C'était étonnant!

Qui aurait cru que M. Blink...?

J'en étais / j'en suis encore stupéfait.

As a general follow-up to reading this story, you might encourage your students to build on their list of the vocabulary of politics by adding new items that they come across in their reading of newspapers, etc.

Exercice 23

Imaginez que vous êtes journaliste. Vous préparez une évaluation de la première année au pouvoir de Monsieur Blink. Qu'allez-vous écrire? Essayez d'employer les structures que l'auteur a utilisées dans l'histoire, par exemple le superlatif.

The aim here is to provide the opportunity for a longer piece of writing where students will use their imagination regarding M. Blink's achievements in office. You should encourage them to use as wide a range of structures as possible, including those like the superlative, used in the story.

Other structures required would of course be the perfect tense to recount the events of the past year. Another possibility could be *en* + present participle e.g. *En réduisant les impôts, il a limité les sommes d'argent disponibles pour améliorer les transports publics.*

The phrase *quant à* would also be appropriate, e.g. *Quant à sa promesse concernant les hôpitaux...*

The intention here is to provide the widest possible scope for students to excel in their use of vocabulary and structure.

Monsieur Blink – vocabulaire

la plaisanterie	joke
oser	to dare
l'affiche (f)	poster
renversant	astounding; astonishing
sursauter	to jump; start (with surprise)
s'engouffrer	to throw oneself into; to dive into
le siècle	century
se livrer à	to engage in
la lutte	fight
parvenir à	to manage (to do something)
en délire	frenzied
se précipiter	to rush at
la demeure	home, residence
la boutonnière	buttonhole
le ruban	ribbon
le rassemblement	rally; gathering; meeting
il faillit dégringoler	he almost fell
décrocher le récepteur	to take the phone off the hook (so that nobody can get through)
la foule	crowd
réclamer	to demand; to ask for / to beg for
défoncer / enfoncer	to break down (e.g. a door)
l'émeute (f)	riot
enfiler	to slip on (garment)
le cortège	procession
sidéré	amazed
éclater	to explode
huer	to boo
l'esclavage (m)	slavery; oppression
la majoration	increase
les impôts (m)	taxes
le grabuge (familier)	squabbling; ructions
prendre la parole	to start speaking
contrarier	to upset; annoy
gaver	to force-feed
une banderole	banner

Teacher's notes

Monsieur Blink

Michel Tremblay

Monsieur Blink était stupéfié. Quelle était donc cette plaisanterie? Qui avait osé... Devant lui, sur le mur de bois longeant la rue des Cèdres,

oser   avoir l'impudence / l'effronterie de faire quelque chose de risqué

1 Qu'a-t-il vu?

····················(PLIER)····················

une immense affiche était collée et, au milieu de cette affiche...

l'affiche (f)   feuille collée au mur annonçant un événement public, par exemple des élections.

2 Qu'y avait-il?

····················(PLIER)····················

... monsieur Blink lui-même «se» souriait. Au-dessus de sa photo, en lettres majuscules grosses comme ça, une phrase renversante, une phrase qui fit sursauter monsieur Blink, était imprimée en rouge violent:

sursauter   faire un mouvement involontaire provoqué par la surprise

3 Imaginez ce qu'a lu M. Blink.

«Votez pour monsieur Blink, le candidat de l'avenir!»

Monsieur Blink enleva ses lunettes, les essuya nerveusement, les remit sur son nez et regarda l'affiche de nouveau.

La peur le prit.

4 **Pourquoi a-t-il eu peur, à votre avis?**

5 **Que feriez-vous si vous voyiez votre visage placardé sur une affiche au centre ville?**

Students' worksheets

Il se mit à courir et s'engouffra dans le premier autobus qui vint à passer. «Non, c'est impossible, se disait monsieur Blink, j'ai rêvé! Il faut que j'aie rêvé! Moi, candidat?»

Depuis des semaines on parlait de ces fameuses élections. On disait que ces élections-là seraient sûrement les élections les plus importantes du siècle. Les deux grands partis du pays allaient se livrer à une lutte à mort, c'était certain.

Monsieur Blink tremblait.

s'engouffrer	se jeter dans; se précipiter avec violence dans une ouverture
vint	passé simple du verbe *venir*

6 Trouvez des adjectifs pour décrire le caractère de M. Blink.

Il essaya de lire son journal, mais il ne parvint pas à fixer son esprit sur les petits caractères noirs qui lui semblaient des mouches en délire plutôt que des lettres.

Depuis des semaines, on parlait de ces fameuses élections. «Voyons, j'ai dû mal voir!» Les élections les plus importantes du siècle. «C'est une plaisanterie.» Les élections les plus... Il cria. En page centrale,...

parvint (à)	passé simple du verbe *parvenir à*
parvenir à	réussir à

7 Qu'y avait-il?

l'affiche la plus grosse qu'il eût jamais vue dans un journal, en page centrale, pleine page, il était là... Monsieur Blink était là et «se» souriait. «Votez pour monsieur Blink, le candidat de l'avenir!» Il ferma son journal et le lança par la fenêtre.

Juste en face de lui, un petit garçon se pencha vers sa mère et lui dit:...

8 **Imaginez ce qu'a dit le petit garçon à sa mère.**

· (PLIER) ·

Students' worksheets

«Maman, regarde, le monsieur de l'affiche!» En reconnaissant monsieur Blink, la mère du petit garçon...

9 **Imaginez ce qu'a fait la mère.**

… se leva et se précipita sur le pauvre homme qui crut mourir de peur. «Monsieur Blink, s'écria la dame, monsieur Blink, notre sauveur!» «Vive monsieur Blink, notre sauveur! Vive monsieur Blink, le candidat de l'avenir!» Tous les gens qui se trouvaient dans l'autobus répétaient en chœur: «Vive monsieur Blink...»

A une pharmacie voisine de sa demeure, monsieur Blink acheta des cachets d'aspirine. «Alors, lui dit le pharmacien, on fait de la politique maintenant?» A sa boutonnière, il portait…

se précipiter	se jeter
vive (X)!	cri d'acclamation en faveur d'un candidat
la demeure	résidence

10 **À votre avis, que portait le pharmacien à sa boutonnière?**

⋯⋯⋯⋯⋯⋯⋯⋯⋯⋯⋯⋯(PLIER)⋯⋯⋯⋯⋯⋯⋯⋯⋯⋯⋯⋯⋯⋯

un ruban bleu sur lequel était écrit en rouge…

Sa concierge l'arrêta. «Monsieur Blink, lui dit-elle, vous n'auriez pas, par hasard, un billet à me donner pour...

11 **Complétez la phrase.**

_____ ce soir?»

(Sa concierge l'arrêta. «Monsieur Blink, lui dit-elle, vous n'auriez pas, par hasard, un billet à me donner pour) ... votre grand rassemblement ce soir?» Monsieur Blink faillit dégringoler les quelques marches qu'il avait montées. Un rassemblement? Quel rassemblement?

le rassemblement	réunion publique électorale; meeting
faillit dégringoler	est presque tombé (en bas des marches)
décrocher	soulever le récepteur du téléphone

12 Inventez un slogan pour ce rassemblement.

Ce soir-là, monsieur Blink ne dîna pas. Le téléphone ne cessa de sonner. Monsieur Blink crut devenir fou. Il décrocha le récepteur, éteignit toutes les lumières de son appartement, mit son pyjama et se coucha.

13 Soudain, M. Blink entendit un bruit dans la rue. Quel était ce bruit, à votre avis?

···(PLIER)···

La foule réclamait son sauveur à grands cris. On parlait même de défoncer la porte s'il ne répondait pas dans les dix minutes… La concierge dit alors une chose terrible, une chose qui faillit produire une émeute:

la foule	grand nombre de personnes
réclamer	demander en insistant
défoncer / enfoncer	briser; casser
faillit produire	a presque produit
l'émeute (f)	agitation populaire, causée par le mécontentement

14 Qu'a dit la concierge?

Lire, imaginer, composer

Students' worksheets

«Monsieur Blink est peut-être malade.» dit-elle à un journaliste. Dix secondes plus tard, la porte de monsieur Blink était enfoncée et la foule portait en triomphe son sauveur en pyjama. On trouva son costume bien original. Que sa publicité était donc bien faite! Quelques hommes retournèrent même chez eux pour enfiler leur pyjama. Des femmes en chemise de nuit sortirent dans la rue et suivirent le cortège en chantant des cantiques. Sidéré, le pauvre monsieur Blink n'osait pas bouger, installé qu'il était sur les épaules de deux des journalistes les plus éminents du pays.

Le rassemblement fut un triomphe.

enfiler	mettre (un vêtement)
le cortège	procession
sidéré	très surpris; frappé de stupeur

15 **Imaginez les deux déclarations les plus frappantes que M. Blink pourrait avoir faites au rassemblement.**

Monsieur Blink ne parla pas.

Le nouveau parti, le parti du peuple, le parti de monsieur Blink, éclatait dans la vie politique du pays comme une bombe. On hua les vieux partis et on cria que l'esclavage était fini, grâce à monsieur Blink.

B-L-I-N-K. Blink! Blink! Blink! Hourra! Fini, les majorations d'impôt, monsieur Blink allait tout arranger. Fini, le grabuge politique, monsieur Blink allait tout arranger. Fini, les augmentations du coût de la vie… Blink! Blink! Blink!

Une seule fois monsieur Blink tenta de se lever pour prendre la parole. Mais la foule l'acclama tellement qu'il eut peur de la contrarier et se rassit.

On le gava de champagne et monsieur Blink finit lui aussi par se croire un grand héros. En souvenir de cette soirée mémorable, monsieur Blink rapporta chez lui une gigantesque banderole sur laquelle était inscrit en lettres de deux pieds de haut…

éclater	exploser
huer	pousser des cris hostiles
la majoration	augmentation
les impôts (m)	taxes
le grabuge (familier)	disputes; la bagarre; le désordre
eut	passé simple du verbe *avoir*
contrarier	mécontenter
gaver	donner beaucoup à manger ou à boire
la banderole	petite bannière (portant une inscription)

16 **À votre avis, qu'était-il inscrit sur la banderole?**

Le lendemain…

17 **Finissez l'histoire.**

Pratique de la grammaire

Le futur

Aux élections, les candidats font toujours beaucoup de promesses, par exemple dans le domaine de l'économie, de l'éducation, du logement, des transports, etc.

18 **Imaginez que vous faites de la politique. En vous basant sur les modèles ci-dessous, employez le futur pour écrire dix promesses.**

Par exemple:

- Si vous votez pour moi, je *réduirai* les impôts.
- Le nouveau gouvernement *investira* plus d'argent dans les transports en commun.
- Après les élections, nous *ferons* construire cent hôpitaux.
- Je *donnerai* de l'argent aux hôpitaux quand je *serai* élu.

Le superlatif

Les candidats promettent toujours le meilleur des mondes possibles et emploient donc beaucoup de superlatifs (comme dans le texte, ligne 13: *les élections les plus importantes du siècle.*)

19 **En vous basant sur l'exemple ci-dessous, complétez les phrases avec les superlatifs qui conviennent. Ecrivez ensuite deux ou trois phrases similaires en utilisant également des superlatifs.**

Exemple:

Le nouveau gouvernement promet les transports en commun _____ subventionnés, avec les bus _____ polluants et le métro _____ rapide.

→ Le nouveau gouvernement promet les transports en commun les plus subventionnés, avec les bus les moins polluants et le métro le plus rapide.

1 Cet homme politique est convaincu qu'il offrira les impôts _____ élevés du siècle.

2 Le Ministre des Transports assurera les routes _____ encombrées et les centres-villes _____ agréables d'Europe.

3 Le Ministre des Finances propose d'augmenter les impôts pour fournir les allocations _____ généreuses du monde.

Le plus-que-parfait

Pour exprimer ce qui s'ést passé à un moment plus éloigné dans le passé, il faut employer **le plus-que-parfait.** Par exemple, la question «*Qui avait osé?*» est au plus-que-parfait.

20 **Il se pourrait qu'un jeune journaliste ait concocté cette plaisanterie. Imaginez ce qu'il aurait fait en complétant les phrases ci-dessous comme dans les exemples. Vous devez mettre les verbes entre parenthèses au plus-que-parfait.**

Exemples:

Un jour, le jeune journaliste le plus ambitieux du pays **[voir]** un petit monsieur timide. Une idée **[frapper]** le journaliste...

Un jour, le jeune journaliste le plus ambitieux du pays **avait vu** un petit monsieur timide. Une idée **avait frappé** le journaliste...

a   Le journaliste [*prendre*] _____ la photo du petit monsieur.

b   Ensuite il [*appeler*] _____ un collègue.

c   Les deux journalistes [*se retrouver*] _____ à leur café préféré.

d   Ils [*décider*] _____ de lancer une campagne pour leur «candidat».

e   Ils [*produire*] _____ des centaines d'affiches.

f   Ils [*coller*] _____ les affiches aux murs de la ville.

g   Ils [*distribuer*] _____ des rubans.

h   Ils [*mettre*] _____ des annonces dans les journaux les plus populaires.

i   Ils [*choisir*] _____ la salle la plus importante de la ville pour leur rassemblement.

j   Ils [*inviter*] _____ les journalistes les plus éminents du pays.

Students' worksheets

Le conditionnel passé

Que serait-il arrivé *si M. Blink n'avait pas vu l'affiche*? Nous pouvons faire des suppositions en utilisant **le conditionnel passé**.

Exemple:

*   *Il serait rentré* tranquillement à la maison.

21 **Maintenant, employez le conditionnel passé pour compléter les phrases a) à e) comme dans les exemples:**

Exemples:

*   Que serait-il arrivé si M. Blink n'avait pas acheté le journal?
*   Réponse : Il *n'aurait pas vu* sa photo.
*   Que serait-il arrivé si le petit garçon ne l'avait pas reconnu?
*   Réponse : Sa mère *n'aurait pas crié* «Vive M. Blink!»

Que serait-il arrivé...

a   ... s'il n'avait pas décroché le récepteur?

b   ... s'il avait été malade?

c   ... s'il avait été en maillot de bain?

d   ... s'il avait parlé au rassemblement?

e   ... si tout cela avait été un rêve?

Jeu de rôle

22 **Vous jouerez le rôle du voisin de Monsieur Blink et quelques jours après les élections vous raconterez ces événements extraordinaires à un ami. Votre partenaire jouera le rôle de l'ami.**

L'ami sera très curieux et posera beaucoup de questions.

Commencez ainsi:

Vous: Salut Marcel. Tu ne vas pas me croire, mais je connais notre nouveau Premier ministre !

Marcel: Tu le connais! Mais comment??...

23 **Imaginez que vous êtes journaliste. Vous préparez une évaluation de la première année au pouvoir de Monsieur Blink. Qu'allez-vous écrire? Essayez d'employer les structures que l'auteur a utilisées dans l'histoire, par exemple le superlatif.**

© Advance Materials 2010 *Lire, imaginer, composer*

Texte entier de «Monsieur Blink»

Some small cuts have been made, with permission, to Michel Tremblay's original text. These are indicated thus: (…).

Monsieur Blink était stupéfié. Quelle était donc cette plaisanterie? Qui avait osé... Devant lui, sur le mur de bois longeant la rue des Cèdres, une immense affiche était collée et, au milieu de cette affiche, monsieur Blink lui-même «se» souriait. Au-dessus de sa photo, en lettres majuscules grosses comme ça, une phrase renversante, une phrase qui fit sursauter monsieur Blink, était imprimée en rouge violent : «Votez pour monsieur Blink, le candidat de l'avenir!»

Monsieur Blink enleva ses lunettes, les essuya nerveusement, les remit sur son nez et regarda l'affiche de nouveau.

La peur le prit. Il se mit à courir et s'engouffra dans le premier autobus qui vint à passer. «Non, c'est impossible, se disait monsieur Blink, j'ai rêvé! Il faut que j'aie rêvé! Moi, candidat?»

Depuis des semaines on parlait de ces fameuses élections. On disait que ces élections-là seraient sûrement les élections les plus importantes du siècle. Les deux grands partis du pays allaient se livrer à une lutte à mort, c'était certain.

Monsieur Blink tremblait. Il essaya de lire son journal, mais il ne parvint pas à fixer son esprit sur les petits caractères noirs qui lui semblaient des mouches en délire plutôt que des lettres.

Depuis des semaines, on parlait de ces fameuses élections. «Voyons, j'ai dû mal voir!» Les élections les plus importantes du siècle. «C'est une plaisanterie.» Les élections les plus… Il cria. En page centrale, l'affiche la plus grosse qu'il eût jamais vue dans un journal, en page centrale, pleine page, il était là… Monsieur Blink était là et «se» souriait. «Votez pour monsieur Blink, le candidat de l'avenir!» Il ferma son journal et le lança par la fenêtre.

Juste en face de lui, un petit garçon se pencha vers sa mère et lui dit: «Maman, regarde, le monsieur de l'affiche!» En reconnaissant monsieur Blink, la mère du petit garçon se leva et se précipita sur le pauvre homme qui crut mourir de peur. «Monsieur Blink, s'écria la dame, (…) monsieur Blink, notre sauveur!»

Story

(…) «Vive monsieur Blink, notre sauveur! Vive monsieur Blink, le candidat de l'avenir!» Tous les gens qui se trouvaient dans l'autobus répétaient en chœur: «Vive monsieur Blink…»

A une pharmacie voisine de sa demeure, monsieur Blink acheta des cachets d'aspirine. «Alors, lui dit le pharmacien, on fait de la politique maintenant?» A sa boutonnière, il portait un ruban bleu sur lequel était écrit en rouge…

Sa concierge l'arrêta. «Monsieur Blink, lui dit-elle, vous n'auriez pas, par hasard, un billet à me donner pour votre grand rassemblement ce soir?» Monsieur Blink faillit dégringoler les quelques marches qu'il avait montées. Un rassemblement? Quel rassemblement? (…)

Ce soir-là, monsieur Blink ne dîna pas. (…) Le téléphone ne cessa de sonner. (…) Monsieur Blink crut devenir fou. Il décrocha le récepteur, éteignit toutes les lumières de son appartement, mit son pyjama et se coucha.

La foule réclamait son sauveur à grands cris. On parlait même de défoncer la porte s'il ne répondait pas dans les dix minutes… La concierge dit alors une chose terrible, une chose qui faillit produire une émeute: «Monsieur Blink est peut-être malade» dit-elle à un journaliste. Dix secondes plus tard, la porte de monsieur Blink était enfoncée et la foule portait en triomphe son sauveur en pyjama. On trouva son costume bien original. Que sa publicité était donc bien faite! Quelques hommes retournèrent même chez eux pour enfiler leur pyjama. Des femmes en chemise de nuit sortirent dans la rue et suivirent le cortège en chantant des cantiques. Sidéré, le pauvre monsieur Blink n'osait pas bouger, installé qu'il était sur les épaules de deux des journalistes les plus éminents du pays.

Le rassemblement fut un triomphe. Monsieur Blink ne parla pas.

Le nouveau parti, le parti du peuple, le parti de monsieur Blink, éclatait dans la vie politique du pays comme une bombe. On hua les vieux partis et on cria que l'esclavage était fini, grâce à monsieur Blink.

B-L-I-N-K. Blink! Blink! Blink! Hourra! Fini, les majorations d'impôt, monsieur Blink allait tout arranger. Fini, le grabuge politique, monsieur Blink allait tout arranger. Fini, les augmentations du coût de la vie… Blink! Blink! Blink!

Une seule fois monsieur Blink tenta de se lever pour prendre la parole. Mais la foule l'acclama tellement qu'il eut peur de la contrarier et se rassit.

On le gava de champagne et monsieur Blink finit lui aussi par se croire un grand héros. En souvenir de cette soirée mémorable, monsieur Blink rapporta chez lui une gigantesque banderole sur laquelle était inscrit en lettres de deux pieds de haut…

Le lendemain monsieur Blink était élu Premier ministre de son pays.

L'entretien

Frédéric Gerchambeau

Teacher's notes

Structures	Language context
conditional tense	describing what would happen if...
pronouns *y* and *en*	to avoid repetition of nouns
the prefix *hyper–*	for emphasis in spoken French
adjectives	describing appearance and character

Frédéric Gerchambeau was born in Paris in 1960, and now lives in Wasquehal near Lille. He was always a keen fan of science fiction and fantasy writing, but it wasn't until quite late, in 2000, that he began writing seriously himself: first, poetry (more than 400 poems to date), then nearly 80 short stories and finally 2 novels, *Poison lent* and *Le goût des fleurs*. He has also written a play, *Le monologue*.

Gerchambeau enjoys all kinds of music and himself composes electronic music. He has just brought out his first album, *Ars sequentia*, with PWM. He is also a contributor to two music publications, *Traverses* and *Ethnotemps*. Gerchambeau is also the co-author of a biography of the progressive rock band Motis, called *Le grimoire*, which was published by Muséa.

In the course of working on this story students will

- use their imagination to predict how the story will unfold

- encounter and use the vocabulary related to business

- study the way the writer conveys the tensions between his characters

- use the conditional tense to imagine themselves at a moment of change in their own life

Suggested lesson plan and answers

Exercice 1

À votre avis, qui est cet homme?

Sans doute (emphasise the meaning – **probably**) *un homme important, un homme d'affaires, homme qui se croit important, un PDG*

Exercice 2

Pourquoi la jeune femme est-elle venue?

Elle a rendez-vous

Elle doit rendre un rapport à l'homme

L'homme l'a convoquée à un entretien d'embauche

Exercice 3

Quelles sont ses émotions en entrant dans ce vaste bureau?

Elle est peut-être intimidée

Peut-être qu'elle ressent un mélange de timidité et d'assurance

Peut-être qu'elle a peur

Exercice 4

Selon vous, quand elle a ouvert la bouche, qu'allait-elle dire?

Merci de m'avoir invitée…

Ce poste m'intéresse parce que…

Je suis désolée de ne pas avoir rendu ce rapport à temps

Exercice 5

À votre avis, quel est ce devoir pénible?

L'homme va la licencier / va la mettre au chômage

L'homme va lui expliquer que tous les employés doivent accepter une réduction de salaire à cause de la crise économique

Exercice 6

Pour qui ce devoir est-il pénible?

Pour l'homme

Pour le personnel car il faudra accepter une réduction de salaire à cause de la crise économique

Pour la jeune femme

Exercice 7

Imaginez ce que l'homme et la jeune femme ressentent maintenant.

De la gêne, de l'embarras, de la perplexité, de la confusion

Exercice 8

L'homme parle beaucoup. Il emploie une centaine de mots pour accomplir son «devoir pénible». Pouvez-vous résumer son argument en trente mots simples?

Pour faire face à la concurrence, il nous faudra des talents que vous n'avez pas. Nous sommes donc dans l'obligation de vous renvoyer.

Exercice 9

Expliquez le mot «pointu» dans ce contexte.

à l'avant-garde du progrès, à la pointe du progrès, qui a les connaissances nécessaires pour s'avancer vers l'avenir

Exercice 10

Comment la jeune femme aurait-elle pu répondre à son argument?

Je suis sûre que le personnel actuel est à même d'atteindre ces chiffres.

Exercice 11

Pourquoi l'homme hésite-t-il pour la première fois?

Parce que la jeune femme lui pose une question impertinente / inattendue / directe

Parce qu'en effet, il ne croit pas à son discours

Exercice 12

Pouvez-vous imaginer pourquoi la jeune femme pose cette question?

Elle le trouve insupportable, elle se fiche de son poste et considère qu'il manque de sincérité / sensibilité

Elle veut contester les déclarations de l'homme

Exercice 13

Qui est ce Dominique Planchon et pourquoi est-il venu?

L'employé qui a été convoqué à l'entretien

Exercice 14

Qui est donc la jeune femme?

La nouvelle assistante de Monsieur Martinot

Exercice 15

Et qui est Monsieur Martinot?

Le patron, un collègue

Exercice 16

Trouvez un adjectif plus haut dans le texte pour décrire Monsieur Martinot.

hyperpointu

Exercice 17

Comment l'atmosphère dans le bureau a-t-elle changé?

C'est l'homme qui écoute et la jeune femme qui parle / La jeune femme a pris la position dominante

Exercice 18

Que va lui dire la jeune femme?

At this point the students will probably have guessed what is about to happen, but if not, they might come up with other possible answers.

Qu'elle a un devoir pénible à accomplir / Que Monsieur Martinot a décidé de vendre l'entreprise / Qu'étant donné la crise économique, il faudra licencier certains employés

Exercice 19

Monsieur Martinot a envoyé la jeune femme pour annoncer deux nouvelles. Quelles sont ces nouvelles?

L'homme sera licencié et son remplaçant a déjà été embauché

Exercice 20

Pourquoi Monsieur Martinot n'est-il pas venu lui-même?

Parce qu'il est lâche / Parce qu'il n'a pas envie d'assumer cette corvée / Parce qu'il ne veut pas se charger du «sale boulot» / Parce que ce serait plus humain que d'annoncer son licenciement par courrier

Exercice 21

À la place de cet homme, quelle serait votre réaction?

Je serais furieux/euse, choqué(e), incrédule, sidéré(e), stupéfait(e), etc.

Exercice 22

Que pensez-vous de la méthode employée par Monsieur Martinot pour annoncer ces nouvelles à ses employés?

Imaginative / juste / injuste / lâche, etc.

Exercice 23

Imaginez l'avenir de cet homme et de sa famille.

Il faudra vendre la maison, déménager. Il sera au chômage. Il ne pourra pas payer les études de ses enfants. Sa femme le quittera, etc.

Exercice 24

Expliquez cette dernière phrase.

Le jeune homme est le type exact de son remplaçant

Il a tout de suite compris que le jeune homme est son remplaçant

Teacher's notes

Exercice 25

Imaginez-vous à la place de cet homme, Directeur des Ressources Humaines depuis des années, licencié à 49 ans. En utilisant le conditionnel, décrivez ce que vous feriez.

Encourage students to think of optimistic as well as pessimistic outcomes.

Je vendrais la maison et j'achèterais une caravane et nous partirions faire le tour du monde…

Je chercherais du travail mais n'aurais probablement aucun succès à cause de mon âge. Je devrais donc puiser de l'argent dans mes économies et ne pourrais plus faire de projets pour ma retraite.

Exercice 26

Before asking the students to do this exercise you might want to revise adjectival position and agreement with them. There are plenty of examples in the story to draw on. It would be useful to remind students that although most adjectives are placed after the noun they describe, short, common adjectives tend to be placed before the noun (e.g. *son grand fauteuil de bureau*), as are longer, less common adjectives (e.g. *un volumineux dossier*), for emphasis.

a Faites une courte description des vêtements du Directeur des Ressources Humaines.

b Imaginez Monsieur Martinot. Décrivez ses vêtements, son apparence physique et son caractère.

a   Le Directeur des Ressources Humaines portait un costume de couleur beige et une chemise à carreaux rehaussée d'une cravate jaune pâle. Il portait également des chaussures marron bien cirées, qui accentuaient son élégance.

b   Luc Martinot, P.D.G. de SkyOmega Electronique S.A., était un homme grand, plein de vitalité et fier de son entreprise. Son visage parfaitement rasé, aux contours anguleux, lui donnait une belle prestance. Il portait un costume sombre,

une chemise d'un blanc éclatant et une cravate aux tons bleus et verts. Bien que légèrement intimidant, il parvenait à inspirer ses employés par son dynamisme, ses encouragements et sa détermination. C'était un homme ferme, mais juste.

Exercice 27

The use of pronouns «*y*» and «*en*». You may wish to revise this grammar point before the students begin the exercise.

a   Il *y* a répondu.

b   Ils *y* sont allés.

c   Monsieur Martinot vous *en* parlera.

d   Le Directeur *y* a mis ses papiers.

e   L'entreprise *en* renvoie une grande partie.

f   Vous *y* croyez vraiment?

g   J'*en* suis désolé.

h   L'entreprise *y* forme ses employés.

i   Il faut maintenant *y* passer.

j   J'*en* ai encore une grande partie à rembourser.

k   Un jeune homme *y* a passé la tête.

l   Vous n'*en* avez pas les capacités.

m   L'homme s'*y* était effondré.

n   Il *y* mettait du sucre.

Exercice 28

Remind the students that they may have to make some of the adjectives agree. It would also be useful to explain that the use of the prefix *hyper–* out of a medical context is informal, and so they should be aware that usually they will only use it in spoken French, unless they are intending to write in an informal register.

a   Il connaît tous les raps. Il est *hypercool*.

b   Elle a perdu 10 kilos. Elle est *hypermince*.

c   Sa famille a du fric. Elle est *hyperriche*.

d   Il est excellent, ce film. Il est *hypergénial*.

e   Il est toujours très calme. Il est *hyperdécontracté*.

f   C'est un garçon vraiment bizarre. Il est *hyperexcentrique*.

g   Cette chanson ne me plaît pas. Elle est *hypernulle*.

h   Elle a une moyenne de 18 en maths. Elle est *hyperintelligente*.

Exercice 29

Vous allez étudier le côté visuel de ce récit à travers le langage corporel et la position des personnages sur leur siège. Relevez tout d'abord les phrases se rapportant aux sièges, puis celles se rapportant au langage corporel.

Sièges:

La jeune femme se cala au fond de sa chaise

Celle-ci réajusta sa position sur la chaise

L'homme s'était subitement effondré dans son grand fauteuil de bureau en cuir

L'homme se rehaussa sur son siège

Le langage corporel:

L'homme, d'un geste de la main, la fit taire immédiatement

La jeune femme fit une moue interrogative

Il regarda droit dans les yeux de la jeune femme

L'homme, tout à coup inexpressif

L'homme se tourna vers la jeune femme (Je vous écoute)

Elle se concentrait, contemplant un presse-papiers en forme d'éléphant

La mine de l'homme devenait soucieuse

Il était devenu livide

La jeune femme se pencha en avant

L'homme se tenait la tête entre les mains

La jeune femme était devenue aussi pâle que l'homme

La jeune femme suivait des yeux l'homme qui marchait de long en large

Elle essayait de sourire. Lui ne cessait de marteler le sol de ses pieds

Teacher's notes

Reportez-vous aux phrases qui suivent l'en-tête *Sièges*. Comment le changement de position de ces deux personnes reflète-t-il leurs émotions?

L'homme se rehaussa	Il n'accepte pas cette nouvelle; il va lutter.
La jeune femme se cala	Elle s'apprête à l'écouter. Elle décide d'attendre.
Celle-ci réajusta sa position	Le moment d'expliquer est arrivé. La jeune femme s'y prépare.
La jeune femme se pencha en avant	Elle se rapproche de l'homme pour qu'il mesure la gravité de la situation. La jeune femme indique que le ton de la conversation va tout à coup prendre une tournure beaucoup plus confidentielle et pénible.

Choisissez cinq phrases après l'en-tête *Langage corporel*. Pouvez-vous expliquer les expressions et les gestes des personnages?

L'homme se tenait la tête entre les mains	Il est au désespoir.
L'homme, d'un geste de la main...	C'est lui qui domine, c'est à lui de parler.
Il fit une pause	Il veut mesurer l'effet de ses paroles.
La jeune femme fit une moue	Elle s'apprête à poser sa question.
L'homme, tout à coup inexpressif	Il est abasourdi; il n'est plus maître de la situation.
L'homme se tourna vers la jeune femme	Il comprend enfin que la jeune femme a quelque chose d'important à lui dire.
Elle se concentrait	Elle choisit ses mots avec soin.
La mine de l'homme...	Il commence à saisir la gravité de sa situation.
Il était devenu livide	Il a reçu un énorme choc.
La jeune femme était devenue aussi pâle que l'homme	Elle se fait du souci pour lui. Elle se sent très mal à l'aise d'avoir eu à lui annoncer la mauvaise nouvelle.
La jeune femme suivait des yeux	Elle le regarde avec inquiétude.
Elle essayait de sourire. Lui ne cessait...	Elle veut le rassurer, mais en vain. La situation de l'homme la touche.

© Advance Materials 2010 *Lire, imaginer, composer*

L'entretien – vocabulaire

l'entretien (m)	interview
en tailleur de grande marque	wearing a designer suit
il la fit taire	he silenced her
pénible	painful
se caler	to sit back
la fiche	form
s'attendre à	to expect
la convocation	summons
convoquer quelqu'un	to call someone in; to send for someone; to summon someone
pointu	highly specialised and up to date
former	to train
les actionnaires (m)	shareholders
réclamer	to demand
les bénéfices (m)	profits
mettre en cause	to call into question
faire la moue	to pull a face
le fait	fact
perdurer	to continue
la prime	bonus (pay)
les mesures (f) d'accompagnement	support (including redundancy pay / severance pay)
fixer	to stare at
le P.D.G. (président-directeur général)	chief executive
la mine	facial expression
soucieux	concerned
les fonctions (f)	post; duties
s'effondrer	to collapse
livide	deathly pale, pallid
se rehausser	to sit up
la trouvaille	find
débaucher quelqu'un (d'un travail)	to persuade someone to leave their job (for another one), to poach
un joli coup	quite a success
licencier	to make someone redundant; to lay off
la filiale	branch
l'accroc (m)	hitch
abasourdi	stunned
se pencher en avant	to lean forward
virer	to sack, fire
le blanc-bec	rookie; greenhorn
la baie vitrée	picture window
rattraper	to catch up
foutu (familier)	all over, finished, done for, screwed up
marteler	to pound
l'élan (m)	surge

© Advance Materials 2010 *Lire, imaginer, composer*

33

L'entretien

Frédéric Gerchambeau

Quelqu'un avait frappé à la porte.

L'homme installé derrière son vaste bureau encombré de dossiers et de papiers divers releva la tête.

– Oui... Entrez!

1 **À votre avis, qui est cet homme?**

Une jeune femme en tailleur de grande marque et un foulard léger noué autour du cou fit quelques pas dans la pièce après avoir refermé doucement la porte.

– Asseyez-vous, je vous en prie.

La jeune femme fit encore quelques pas vers une des chaises se tenant devant le bureau et s'assit sans rien dire.

– Vous êtes à l'heure, j'aime les gens à l'heure. C'est une question de politesse et d'efficacité.

La jeune femme ouvrit la bouche et commença à parler avec des accents d'hésitation.

2 **Pourquoi la jeune femme est-elle venue?**

3 **Quelles sont ses émotions en entrant dans ce vaste bureau?**

4 **Selon vous, quand elle a ouvert la bouche, qu'allait-elle dire?**

– Monsieur, je suis...

L'homme, d'un geste de la main, la fit taire immédiatement.

– Écoutez. Soit dit entre nous que ce que j'ai à vous dire est assez pénible pour ne pas avoir à prolonger inutilement cet entretien.

– Mais...

– S'il vous plaît...

– Mais je...

– S'il vous plaît, vous dis-je...

La jeune femme se cala au fond de la chaise et ne dit plus rien.

– Bien...

L'homme regarda du coin de l'œil une de ses fiches disposées sur le bureau.

– Hum... À ce poste je m'attendais plutôt à un homme... mais il est vrai que le prénom Dominique peut être aussi féminin.

La jeune femme ouvrit la bouche, comme pour répondre, mais finalement, elle se ravisa et ne dit rien.

L'homme chercha quelque peu ses mots.

– Voilà... En tant que Directeur des Ressources Humaines de cette entreprise, j'ai souvent de grandes joies... Mais aussi, parfois, des devoirs pénibles à accomplir... Vous avez dû recevoir ma convocation et lire sa raison. Cela a dû être un terrible choc, j'imagine. J'en suis désolé, croyez-le bien. C'est pour vous fournir une explication à cette décision que je vous ai tous et toutes convoqués pour des entretiens individuels.

Il fit une pause avant de recommencer à parler.

fit	passé simple du verbe *faire*
pénible	difficile
se caler	se planter; se camper; se dresser (dans un fauteuil)
convoquer quelqu'un	faire venir quelqu'un (de manière impérative)

5 À votre avis, quel est ce devoir pénible?

6 Pour qui ce devoir est-il pénible?

– Vous n'êtes pas sans savoir que dans notre secteur, la compétition se fait de plus en plus dure... Et que notre activité réclame un personnel de plus en plus pointu... Bien sûr, nous aurions pu vous former aux techniques nouvelles, mais les nouveaux rois de ce domaine ont un esprit si différent, si tourné vers l'avenir que nous ne pouvions pas l'envisager pour votre poste... Vous comprenez?... Je...

– Pourtant nous avons encore augmenté notre résultat net cette année, non?

L'homme n'avait pas pu empêcher la question. Il se devait donc d'y répondre.

– Il ne faut pas considérer ce chiffre en lui-même. Nos actionnaires nous le réclament. Oui, nous sommes passés de 6 à 7,2% soit 165 millions de bénéfices nets. Mais savez-vous seulement quel chiffre on nous demande maintenant d'atteindre? 10%!... Oui, 10%... Et 11 à 12% l'année suivante...

7 Imaginez ce que l'homme et la jeune femme ressentent maintenant.

8 L'homme parle beaucoup. Il emploie une centaine de mots pour accomplir son «devoir pénible». Pouvez-vous résumer son argument en trente mots simples?

9 Expliquez le mot «pointu» dans ce contexte.

10 Comment la jeune femme aurait-elle pu répondre à son argument?

L'homme baissa la tête.

– Vous comprendrez alors, sans mettre une seule seconde en cause vos qualités professionnelles, que non seulement il ne nous faille plus recruter que des talents hyperpointus mais...

Il y eut un court silence.

– Mais aussi nous séparer, malheureusement, d'une grande partie de notre personnel...

La jeune femme fit une moue interrogative.

– Vous croyez vraiment à votre discours?

L'homme fut surpris de la question. Il hésita avant de reprendre.

– Encore une fois, je suis désolé. Mais les faits sont les faits. SkyOmega Electronique S.A. doit changer et évoluer vers un nouvel horizon si elle veut survivre et perdurer...

Il se gratta la base du menton.

– Écoutez... Je sais ce que vous ressentez… Mais vous ne partirez pas comme ça. D'abord il y a la prime. Et puis il y a les mesures d'accompagnement... Nous vous aiderons à trouver un poste... Dans une autre entreprise...

mettre en cause	remettre en question; contester
faire la moue	faire une grimace en avançant, en resserrant les lèvres (ici, pour manifester le doute)
le discours	(ici) ce que vous dites, vos paroles
la prime	somme d'argent versée à titre de récompense
les mesures (f) d'accompagnement	soutien (y compris l'indemnité de licenciement)

11 Pourquoi l'homme hésite-t-il pour la première fois?

12 Pouvez-vous imaginer pourquoi la jeune femme pose cette question?

On frappa timidement à la porte.

L'homme la fixa, étonné.

– Oui... Entrez!

Un jeune homme passa la tête dans l'entrebâillement.

– Dominique Planchon... Excusez-moi, je suis un peu en retard...

– Dominique Planchon? ... Mais... comment ça?

Il regarda droit dans les yeux de la jeune femme. Celle-ci réajusta sa position sur la chaise.

– Vous ne m'avez pas laissé parler tout à l'heure, quand je suis entrée. Je suis Suzanne Boulain, la nouvelle assistante de Monsieur Martinot.

L'homme, tout à coup inexpressif, s'adressa au jeune homme.

– Pourriez-vous nous laisser, s'il vous plaît... Revenez dans... Euh... Je vous téléphonerai...

Le jeune homme disparut et la porte se referma.

le P.D.G.   président-directeur général

13 **Qui est ce Dominique Planchon et pourquoi est-il venu?**

14 **Qui est donc la jeune femme?**

15 **Et qui est Monsieur Martinot?**

························· (PLIER) ·························

Luc Martinot était le P.D.G. de SkyOmega electronique S.A.

Un P.D.G. à la fois motivé et motivant. C'est lui qui avait fondé l'entreprise 19 ans auparavant, avec simplement quelques copains et l'aide de son épouse.

L'homme se tourna vers la jeune femme.

– Je vous écoute...

D'abord elle ne dit rien.

– C'est difficile après ce que je viens d'entendre...

Elle se concentrait, contemplant un presse-papiers en forme d'éléphant.

16 Trouvez un adjectif plus haut dans le texte pour décrire Monsieur Martinot.

17 Comment l'atmosphère dans le bureau a-t-elle changé?

18 Que va lui dire la jeune femme?

– Monsieur Martinot, qui je sais est un très bon ami à vous, vous verra plus tard pour vous en parler... Disons qu'il ne savait pas comment vous l'annoncer... C'est pour ça qu'il m'envoie... Avant de vous mettre ça par courrier... C'est plus humain...

La mine de l'homme devenait soucieuse.

– ...Vos fonctions... Vos fonctions prendront fin en mars prochain... le 15... Et... Et... monsieur Martinot... Enfin... Il vous a déjà trouvé un... Un remplaçant...

L'homme s'était subitement effondré dans son grand fauteuil de bureau en cuir.

– Moi?... Mais pourquoi moi?... Je ne comprends pas...

Il était devenu livide.

– Je suis là presque depuis le début. Plus de 16 ans que je suis ici. Et que des compliments sur mes recrutements.

L'homme se rehaussa sur son siège.

– Tenez, John Goldsmith, le Directeur Commercial, c'est une de mes trouvailles. Débauché par mes soins de chez FutureDream and associates, un joli coup, vous ne trouvez pas? Et René Piamonti, le Directeur de Recherche, c'est aussi moi. Et quand nous avons dû licencier le personnel de notre filiale à Londres, cela s'est passé en douceur, sans un accroc... Non?

les fonctions (f)	exercice d'un emploi
débaucher quelqu'un (d'une société)	convaincre quelqu'un de quitter son emploi pour rejoindre une autre société

19 Monsieur Martinot a envoyé la jeune femme pour annoncer deux nouvelles. Quelles sont ces nouvelles?

20 Pourquoi Monsieur Martinot n'est-il pas venu lui-même?

Students' worksheets

La jeune femme posa ses mains sur ses genoux.

– Mais... vous avez vous-même donné l'explication... Tout à l'heure...

L'homme semblait abasourdi.

– Les talents... comment avez-vous dit déjà?… Hyperpointus, qu'il faut recruter… Vous ne pourrez pas… Vous n'en avez pas les capacités… Vous vous y perdrez… C'est trop nouveau… Trop compliqué… Il faut un jeune… Eux, ils baignent dedans…

La jeune femme se pencha en avant.

– Son contrat a été signé hier. Il s'appelle Luc Grandmaison... Il viendra vous voir lundi...

abasourdi   stupéfait

21   À la place de cet homme, quelle serait votre réaction?

22   Que pensez-vous de la méthode employée par Monsieur Martinot pour annoncer ces nouvelles à ses employés?

L'homme se tenait la tête entre les mains.

– 16 ans... Que des félicitations... Et hop! On me vire! Comme ça!... Et c'est un jeune blanc-bec qui prend mon poste... Dans quelle époque vivons-nous? Dites-le moi. C'est le monde à l'envers!...

La jeune femme était devenue aussi pâle que l'homme derrière le bureau.

– Ce doit être cela que l'on nomme le Progrès. On avance avec lui, mais un jour il finit par nous rattraper... Et il nous laisse sur place.

L'homme se leva et alla vers la baie vitrée.

– J'ai deux enfants de 4 et 7 ans et encore une grosse partie du crédit de mon pavillon à rembourser... Regardez-moi... J'ai 49 ans... Personne ne me reprendra... Vous comprenez?... S'ils font ça, c'est foutu pour moi... La jeune femme suivait des yeux l'homme qui marchait de long en large.

– Ne soyez pas si pessimiste... Vous retrouverez... C'est sûr...

Elle essayait de sourire. Lui ne cessait de marteler le sol de ses pieds.

– Foutu, vous dis-je... Pour eux, je serai de l'ancienne génération... Autant dire une momie... Mais j'ai encore plein de choses à montrer, à prouver... Si on me coupe les ailes, que pourrai-je faire?

le blanc-bec   jeune homme sans expérience et trop sûr de lui

foutu (familier)   fini

24 **Imaginez l'avenir de cet homme et de sa famille.**

Students' worksheets

Dans un élan de solidarité avec l'homme, la jeune femme avait proposé d'aller continuer la conversation dans la cafétéria de l'entreprise, tout en buvant une boisson chaude et en se restaurant de quelques petits sandwichs avec du pain de mie.

Pendant que la jeune femme, assise en face de lui, mettait un sucre dans son thé au citron, l'homme regardait vers une autre table.

Il y avait là un jeune homme d'environ 25 ans, très blond, dans un costume gris impeccablement coupé. Il étudiait calmement un volumineux dossier dont il tenait quelques pages, avalant de temps en temps à petites gorgées un café qui devait déjà être froid.

Il ne l'avait jamais vu.

Mais il l'avait reconnu.

24 **Expliquez cette dernière phrase.**

Pratique de la grammaire

L'emploi du conditionnel

Le conditionnel nous permet d'imaginer une situation qui *pourrait* arriver et s'emploie souvent avec *si* + imparfait.

Exemple:

Si je gagnais au loto, j'achèterais une belle maison.

25 **Imaginez-vous à la place de cet homme, Directeur des Ressources Humaines depuis des années, licencié à 49 ans. En utilisant le conditionnel, décrivez ce que vous feriez.**

Les adjectifs

26 **Observez ces deux phrases descriptives tirées de l'histoire:**

La jeune femme portait un foulard léger, noué autour du cou...

Le jeune homme portait un costume gris, impeccablement coupé...

a   Faites une courte description des vêtements du Directeur des Ressources Humaines.

b   Imaginez Monsieur Martinot. Décrivez ses vêtements, son apparence physique et son caractère.

Les pronoms «*y*» et «*en*»

Les pronoms nous permettent d'éviter la répétition des substantifs. En français, les pronoms sont normalement placés avant le verbe.

27 **Remplacez les mots soulignés par le pronom «*y*» ou «*en*».**

Exemple:

La jeune femme voyait un tas de dossiers <u>sur le bureau.</u>

→ La jeune femme **y** voyait un tas de dossiers.

Il a pris une <u>de ses fiches</u> disposées sur le bureau.

→ Il **en** a pris une.

a   Il a répondu <u>à la question</u>.

b   Ils sont allés <u>à la cafétéria</u>.

c   Monsieur Martinot vous parlera <u>de votre situation</u>.

d   Le Directeur a mis ses papiers <u>sur la table</u>.

e   L'entreprise renvoie une grande partie <u>de son personnel</u>.

f   Vous croyez vraiment <u>à votre discours</u>?

g   Je suis désolé <u>de vous causer ce terrible choc</u>.

h   L'entreprise forme ses employés <u>aux techniques nouvelles</u>.

i   Il faut maintenant passer <u>à 10% de bénéfices nets</u>.

j   J'ai encore une grosse partie <u>du crédit de mon pavillon</u> à rembourser.

k   Un jeune homme a passé la tête <u>dans l'entrebâillement</u>.

l   Vous n'avez pas les capacités <u>d'assurer notre succès pour l'avenir</u>.

m   L'homme s'était effondré <u>dans son fauteuil</u>.

n   Il mettait du sucre <u>dans son thé</u>.

28 **Le directeur des ressources humaines a plusieurs fois prononcé le mot _hyperpointu_ pour indiquer un employé _très_ ambitieux, _très_ à l'avant-garde du progrès. Le préfixe «_hyper–_» indique un excès ou l'idée d'une augmentation.**

Regardez les expressions ci-dessous et faites des phrases selon l'exemple en choisissant parmi les adjectifs donnés. N'oubliez pas d'accorder les adjectifs si nécessaire.

Exemple:

Il connaît tous les raps.

→ Il est **hypercool**.

a   Il connaît tous les raps.

b   Elle a perdu 10 kilos.

c   Sa famille a du fric.

d   Il est excellent, ce film.

e   Il est toujours très calme.

f   C'est un garçon vraiment bizarre.

g   Cette chanson ne me plaît pas.

h   Elle a une moyenne de 18 en maths.

✳ mince ✳ intelligent ✳ riche ✳ décontracté ✳ excentrique ✳ cool ✳ nul
✳ génial

© Advance Materials 2010 _Lire, imaginer, composer_

Le côté visuel de «*L'entretien*»

 Vous allez étudier le côté visuel de ce récit à travers le langage corporel et la position des personnages sur leur siège. Relevez tout d'abord les phrases se rapportant aux sièges, puis celles se rapportant au langage corporel.

Examples:

Sièges:

La jeune femme se cala au fond de sa chaise

Le langage corporel:

L'homme, d'un geste de la main, la fit taire immédiatement

Reportez-vous aux phrases qui suivent l'en-tête *Sièges*. Comment le changement de position de ces deux personnages reflète-t-il leurs émotions?

Exemple:

L'homme s'était subitement effondré: il a reçu un tel choc qu'il n'a plus de force.

Choisissez cinq phrases après l'en-tête *Langage du corporel*. Pouvez-vous expliquer les expressions et les gestes des personnages?

Exemple:

Il regarda droit dans les yeux de la jeune femme: il se demande pour la première fois s'il a fait une erreur.

Texte entier de «L'entretien»

Quelqu'un avait frappé à la porte.

L'homme installé derrière son vaste bureau encombré de dossiers et de papiers divers releva la tête.

– Oui... Entrez!

Une jeune femme en tailleur de grande marque et un foulard léger noué autour du cou fit quelques pas dans la pièce après avoir refermé doucement la porte.

– Asseyez-vous, je vous en prie.

La jeune femme fit encore quelques pas vers une des chaises se tenant devant le bureau et s'assit sans rien dire.

– Vous êtes à l'heure, j'aime les gens à l'heure. C'est une question de politesse et d'efficacité.

La jeune femme ouvrit la bouche et commença à parler avec des accents d'hésitation.

– Monsieur, je suis...

L'homme, d'un geste de la main, la fit taire immédiatement.

– Ecoutez. Soit dit entre nous que ce que j'ai à vous dire est assez pénible pour ne pas avoir à prolonger inutilement cet entretien.

– Mais...

– S'il vous plaît...

– Mais je...

– S'il vous plaît vous dis-je...

La jeune femme se cala au fond de la chaise et ne dit plus rien.

– Bien...

L'homme regarda du coin de l'œil une de ses fiches disposées sur le bureau.

– Hum... A ce poste je m'attendais plutôt à un homme... mais il est vrai que le prénom Dominique peut être aussi féminin.

La jeune femme ouvrit la bouche, comme pour répondre, mais finalement, elle se ravisa et ne dit rien.

L'homme chercha quelque peu ses mots.

– Voilà... En tant que Directeur des Ressources Humaines de cette entreprise, j'ai souvent de grandes joies... Mais aussi, parfois, des devoirs pénibles à accomplir... Vous avez dû recevoir ma convocation et lire sa raison. Cela a dû être un terrible choc, j'imagine. J'en suis désolé, croyez-le bien. C'est pour vous fournir une explication à cette décision que je vous ai tous et toutes convoqués pour des entretiens individuels.

Il fit une pause avant de recommencer à parler.

– Vous n'êtes pas sans savoir que dans notre secteur, la compétition se fait de plus en plus dure... Et que notre activité réclame un personnel de plus en plus pointu... Bien sûr, nous aurions pu vous former aux techniques nouvelles, mais les nouveaux rois de ce domaine ont un esprit si différent, si tourné vers l'avenir que nous ne pouvions pas l'envisager pour votre poste... Vous comprenez?... Je...

– Pourtant nous avons encore augmenté notre résultat net cette année, non?

L'homme n'avait pas pu empêcher la question. Il se devait donc d'y répondre.

– Il ne faut pas considérer ce chiffre en lui-même. Nos actionnaires nous le réclament. Oui, nous sommes passés de 6 à 7,2% soit 165 millions de bénéfices nets. Mais savez-vous seulement quel chiffre on nous demande maintenant d'atteindre? 10%!... Oui, 10%... Et 11 à 12% l'année suivante...

L'homme baissa la tête.

– Vous comprendrez alors, sans mettre une seule seconde en cause vos qualités professionnelles, que non seulement il ne nous faille plus recruter que des talents hyperpointus mais...

Il y eut un court silence.

– Mais aussi nous séparer, malheureusement, d'une grande partie de notre personnel...

La jeune femme fit une moue interrogative.

Story

– Vous croyez vraiment à votre discours?

L'homme fut surpris de la question. Il hésita avant de reprendre.

– Encore une fois, je suis désolé. Mais les faits sont les faits. SkyOmega Electronique S.A. doit changer et évoluer vers un nouvel horizon si elle veut survivre et perdurer...

Il se gratta la base du menton.

– Ecoutez... Je sais ce que vous ressentez... Mais vous ne partirez pas comme ça. D'abord il y a la prime. Et puis il y a les mesures d'accompagnement... Nous vous aiderons à retrouver un poste... Dans une autre entreprise...

On frappa timidement à la porte.

L'homme la fixa, étonné.

– Oui... Entrez!

Un jeune homme passa la tête dans l'entrebâillement.

– Dominique Planchon... Excusez-moi, je suis un peu en retard...

– Dominique Planchon? Mais... comment ça?

Il regarda droit dans les yeux de la jeune femme. Celle-ci réajusta sa position sur la chaise.

– Vous ne m'avez pas laissé parler tout à l'heure, quand je suis entrée. Je suis Suzanne Boulain, la nouvelle assistante de Monsieur Martinot.

L'homme, tout à coup inexpressif, s'adressa au jeune homme.

– Pourriez-vous nous laisser, s'il vous plaît... Revenez dans... Euh... Je vous téléphonerai...

Le jeune homme disparut et la porte se referma.

Luc Martinot était le P.D.G. de SkyOmega Electronique S.A.

Un P.D.G. à la fois motivé et motivant. C'est lui qui avait fondé l'entreprise 19 ans auparavant, avec simplement quelques copains et l'aide de son épouse.

L'homme se tourna vers la jeune femme.

Story

– Je vous écoute...

D'abord elle ne dit rien.

...C'est difficile après ce que je viens d'entendre...

Elle se concentrait, contemplant un presse-papiers en forme d'éléphant.

– Monsieur Martinot, qui je sais est un très bon ami à vous, vous verra plus tard pour vous en parler... Disons qu'il ne savait pas comment vous l'annoncer... C'est pour ça qu'il m'envoie... Avant de vous mettre ça par courrier... C'est plus humain...

La mine de l'homme devenait soucieuse.

– ...Vos fonctions... Vos fonctions prendront fin en mars prochain... le 15... Et... Et monsieur Martinot... Enfin... Il vous a déjà trouvé un... Un remplaçant...

L'homme s'était subitement effondré dans son grand fauteuil de bureau en cuir.

– Moi?... Mais pourquoi moi?... Je ne comprends pas...

Il était devenu livide.

– Je suis là presque depuis le début. Plus de 16 ans que je suis ici. Et que des compliments sur mes recrutements.

L'homme se rehaussa sur son siège.

– Tenez, John Goodsmith, le Directeur Commercial, c'est une de mes trouvailles. Débauché par mes soins de chez FutureDream and associates, un joli coup, vous ne trouvez pas? Et René Piamonti, le Directeur de Recherche, c'est aussi moi. Et quand nous avons dû licencier le personnel de notre filiale à Londres, cela s'est passé en douceur, sans un accroc... Non?

La jeune femme posa les mains sur ses genoux.

– Mais.....Vous avez vous-même donné l'explication... Tout à l'heure...

L'homme semblait abasourdi.

– Les talents... comment avez-vous dit déjà?... Hyperpointus, qu'il faut recruter... Vous ne pourrez pas... Vous n'en avez pas les capacités... Vous vous y perdrez... C'est trop nouveau... Trop compliqué... Il faut un jeune... Eux, ils baignent dedans...

La jeune femme se pencha en avant.

– Son contrat a été signé hier. Il s'appelle Laurent Grandmaison... Il viendra vous voir lundi...

Story

L'homme se tenait la tête entre les mains.

– 16 ans... Que des félicitations... Et hop! On me vire! Comme ça!... Et c'est un jeune blanc-bec qui prend mon poste... Dans quelle époque vivons-nous? Dites-le moi. C'est le monde à l'envers!...

La jeune femme était devenue aussi pâle que l'homme derrière le bureau.

– Ce doit être cela que l'on nomme le Progrès. On avance avec lui, mais un jour il finit par nous rattraper... Et il nous laisse sur place.

L'homme se leva et alla vers la baie vitrée.

– J'ai deux enfants de 4 et 7 ans et encore une grosse partie du crédit de mon pavillon à rembourser... Regardez-moi... J'ai 49 ans... Personne ne me reprendra... Vous comprenez?... S'ils font ça, c'est foutu pour moi... La jeune femme suivait des yeux l'homme qui marchait de long en large.

– Ne soyez pas si pessimiste... Vous retrouverez... C'est sûr...

Elle essayait de sourire. Lui ne cessait de marteler le sol de ses pieds.

– Foutu, vous dis-je... Pour eux, je serai de l'ancienne génération... Autant dire une momie... Mais j'ai encore plein de choses à montrer, à prouver... Si on me coupe les ailes, que pourrai-je faire?

Dans un élan de solidarité avec l'homme, la jeune femme avait proposé d'aller continuer la conversation dans la cafétéria de l'entreprise, tout en buvant une boisson chaude et en se restaurant de quelques petits sandwichs avec du pain de mie.

Pendant que la jeune femme, assise en face de lui, mettait un sucre dans son thé au citron, l'homme regardait vers une autre table.

Il y avait là un jeune homme d'environ 25 ans, très blond, dans un costume gris impeccablement coupé. Il étudiait calmement un volumineux dossier dont il tenait quelques pages, avalant de temps en temps à petites gorgées un café qui devait déjà être froid.

Il ne l'avait jamais vu.

Mais il l'avait reconnu.

Scooter au bout de la nuit

Philippe Lacoche

Teacher's notes

Structures	Language context
past historic tense	reading literary texts
perfect tense	giving a spoken account of personal experiences

Philippe Lacoche was born in 1956 and works as a journalist. He published a number of books during the 1980s and 1990s, including a novel, *Rock d'Issy* (Éditions Ledrappier, 1987) and a collection of *nouvelles* entitled *Cité Roosevelt* (Éditions Le Dilletante, 1993) for which he was awarded the *Prix du Livre de Littérature de Picardie*.

In the course of working on this story students will:

- work on recognition of the past historic

- practise using the perfect tense to give personal accounts

- speculate on events prior to the action of the story

- speculate about the characters, their behaviour and relationships

- suggest an ending to the story

- examine closely the language used by the author to provide clues to the reader.

Suggested lesson plan and answers

Exercice 1

Qu'est-ce qui indique que cette scène se passe près de la mer? Donnez quatre réponses.

Rebourg-sur-Mer

station balnéaire

on entend déjà la mer

cette odeur d'iode et de varech

Exercice 2

Qu'est-ce qui suggère que ce n'est pas la première fois que ce couple vient à cette petite ville? Donnez deux réponses.

ça me rappellera des souvenirs

ça sent comme à ce moment-là; il y a 14 ans

Exercice 3

Pourquoi croyez-vous qu'ils y reviennent?

Peut-être que c'est à Rebourg que Claire et Alexis se sont rencontrés pour la première fois.

Quand ils se sont mariés, ils ont peut-être choisi d'aller à Rebourg pour leur voyage de noces.

Exercice 4

À votre avis, qu'est-ce qui a causé la cicatrice d'Alexis?

Il a peut-être été agressé.

Il a peut-être eu un accident en faisant du bateau à voiles.

Exercice 5

Relevez au cours de votre lecture quatre autres phrases qui indiquent qu'Alexis «faisait très star».

alluma une High Life d'un geste las, presque désinvolte; les lunettes noires qui masquaient son regard; beau de profil avec ses lunettes noires; se complaisaient dans une élégance de garçons coiffeurs

Exercice 6

Que savons-nous des passions d'Alexis il y a 14 ans?

il était musicien / passionné des Who

il avait fondé un groupe mod – Generation; il avait une passion pour le scooter

Exercice 7

Ses activités artistiques ont-elles réussi ou non? Comment le savez-vous?

OUI

les galas ne manquaient pas

ils étaient parvenus à s'entourer d'un public fidèle

qui s'étoffait au fil des prestations

les clubs les réclamaient tous les samedis et même les dimanches après-midi

Exercice 8

Qu'était le «Malibu»?

un club

Exercice 9

Qu'apprend le lecteur sur l'attitude / les sentiments de Claire envers Alexis? Utilisez certains des adjectifs de la liste ci-dessous.

égoïste, prévenante, tendre, impatiente, indifférente, désinvolte, inquiétante, douce

elle est prévenante, tendre et douce avec lui

Exercice 10

Quelle impression avez-vous de la ville de Rebourg?

Rebourg semble être une ville morte, pas très intéressante

Exercice 11

Qu'est-ce qui indique que quelqu'un attend Claire et Alexis? Donnez deux réponses.

ils ne souhaitaient pas être en retard à leur rendez-vous

«tu crois qu'ils seront là?»

Exercice 12

À votre avis, qui sont ces personnes?

des fans de l'époque

des amis

Jean-Pierre et Francis, les anciens membres du groupe

Exercice 13

Qui sont en fin de compte les personnes qui attendaient Claire et Alexis?

les anciens membres du groupe Generation – «nos souvenirs d'anciens musiciens combattants» – Jean-Pierre et Francis

Their names were mentioned in the second extract of the text given to the students.

Exercice 14

Que veut faire Alexis avant de manger?

faire un tour de scooter

Exercice 15

Comment réagissent ses amis à cette proposition?

ils s'inquiètent / ils ne savent pas quoi faire

Exercice 16

Pouvez-vous deviner pourquoi ils réagissent de cette façon?

peut-être qu'ils pensent qu'Alexis ne devrait pas, puisqu'il n'a pas fait de scooter depuis 14 ans. Il ne sait plus en faire. Ce tour de scooter pourrait comporter un certain risque.

Exercice 17

À votre avis, à quoi Alexis pense-t-il pendant la promenade?

aux souvenirs (de jeunesse?), à la liberté peut-être

Exercice 18

Pourquoi ce concert du «Malibu» n'a-t-il jamais eu lieu?

à cause de l'accident

parce qu'Alexis a eu un grave accident de moto

Exercice 19

Pourquoi Alexis avait-il voulu retourner spécialement à ce carrefour?

parce que c'était le lieu de son accident

Exercice 20

Quelle est la signification, à votre avis, de la phrase «petite tache verte comme un point d'espoir dans la nuit éternelle»?

Possible interpretation:

Alexis a été capable de remonter sur un scooter pour la première fois depuis son accident et de retourner sur le lieu de l'accident. C'est peut-être donc un tournant important dans sa vie qui lui donne de l'espoir pour l'avenir?

Exercice 21

Complétez la dernière phrase de l'histoire et discutez vos idées en petits groupes. Vous entendrez ensuite la fin de l'histoire. Quelle est votre réaction?

Allow the students to discuss their ideas in small groups and then to share them with the rest of the class. Once students have done this, give them the final sentence – *Elle lui tendit sa canne blanche* – and discuss their reactions to it. Are they surprised? Then move on to examine how the clues to Alexis's condition are embedded in the text, as indicated in the next exercise.

Teacher's notes

Exercice 22

À la lecture des derniers mots de cette histoire révélant qu'Alexis est aveugle, il devient évident que beaucoup de phrases dans le texte indiquent sa condition. Faites une liste de ces phrases.

les lunettes noires

tout en donnant la main à la femme qu'il aimait

on la sent aussi

Claire tira son mari par la main

il entendait les cris des mouettes

Alexis se mit à compter les carrefours

ça devait être là, n'est-ce pas Jean-Pierre?

Claire aida Alexis à descendre

petite tache verte comme un point d'espoir dans l'horizon de la nuit éternelle

le titre de l'histoire: Scooter au bout de la nuit

Exercice 23

Si vous n'aviez pas deviné qu'Alexis était aveugle, pourquoi croyez-vous que vous n'aviez pas apprécié l'importance de ces phrases?

This exercise might be best done as a written appreciation.

Encourage the students to think about how these phrases are, mostly, cleverly chosen as words that would be used in an ordinary context, and therefore do not immediately alert the reader to the fact that he is blind. For example, dark glasses are associated with a cool look; Claire's attentiveness to her husband *Claire aida Alexis à descendre* might just be attributed to her tenderness towards him; *Claire tira son mari par la main* might arise from her enthusiasm about meeting old friends. The fact that Alexis' other senses are heightened should also be brought out here: *on la sent aussi; il entendait les cris des mouettes*. The phrase *petite tache verte…*, discussed in exercise 20, also now takes on further significance.

Exercice 24

L'emploi du passé simple

Students' knowledge of the past historic will vary – the important thing is to recognise it and to be aware of those verbs which do look very different from their form in the other tenses. The extent to which you decide to revise the past historic here will therefore be an individual decision, but it is important to stress the difference between past historic *(passé simple)* in writing and perfect *(passé composé)* in either written or spoken form.

a) *crissèrent*; b) *caressa*; c) *picota*; d) *demanda*; e) *réajusta*; f) *frissonna*; g) *reboutonna*; h) *alluma*

Exercice 25

L'emploi du passé composé

a   Nos semelles **ont crissé**

b   Un vent mou **a caressé nos** visages

c   Une odeur de gas-oil **nous a picoté** les narines

d   J'**ai demandé**. Tu veux que nous prenions un taxi?

e   Alexis **a réajusté** lunettes noires

f   Il **a frissonné** légèrement, **a reboutonné** sa parka, **a allumé** une High Life d'un geste las.

Exercice 26

L'emploi du passé composé

a   Il **s'est laissé** faire

b   Nous **sommes** bientôt **arrivés**...

c   Nous **nous sommes arrêtés** devant...

d   Francis et Jean-Pierre **sont descendus**... et **se sont dirigés** vers nous

Exercice 27

Relisez maintenant le texte en entier et faites une liste de tout le vocabulaire qui se rapporte à la musique.

le batteur – drummer

le bassiste – bass guitarist

le club – club

le concert – gig

les galas (m) – functions

le groupe – group; band

les lieux de concerts (m) – venues

le musicien – musician

un orchestre de bal – dance band

le public fidèle – loyal followers

les riffs surets – high melodies

une guitare – guitar

une prestation – show

la scène rock – rock scene

il faisait très star – he looked like a real rock star

Scooter au bout de la nuit – vocabulaire

la micheline	railcar; diesel locomotive (with special tyres, invented by Michelin)
la semelle	sole (of shoe)
les cailloux (m)	pebbles
picoter	to sting
la narine	nostril
le passage à niveau	level crossing / grade crossing
frissonner	to shiver
las	weary
désinvolte	offhand, casual
la station balnéaire	seaside resort
l'iode (m)	iodine
le varech	kelp
effleurer	to brush, touch lightly
la cicatrice	scar
le tempe	temple
l'engouement (m)	admiration
chevaucher	to sit astride
dénoter	to stand out
arborer	to show off, to sport
la crête	mohican hairstyle
l'épingle à nourrice (f)	safety pin
se complaire	to revel in; to take pleasure in; to enjoy
s'étoffer	to increase; to become more substantial
la prestation	performance
réclamer	to ask for; to beg for
marteler	to hammer out
le ressac	backwash (of waves)
coquet	well-kept
les rutilants éclats (m)	brilliant colours
se recroqueviller	to curl up
écumer	to foam
céladon	pale green
crasseux	grubby, dirty
soigner	to take care of; to look after
dubatif	sceptical
l'approbation (f)	approval
démarrer en trombe	to take off at high speed
la mouette	sea gull
fouetter	to beat against
l'étui (m)	case
le porto	port (beverage)
le carrefour	road junction
poisseux	dirty
les galets (m)	pebbles

© Advance Materials 2010 *Lire, imaginer, composer*

Scooter au bout de la nuit

Philippe Lacoche

◇◇◇

La micheline s'arrêta trente secondes à peine. Alexis et sa femme eurent juste le temps de descendre. Les semelles de leurs chaussures crissèrent sur les cailloux qui recouvraient le quai. Un vent mou caressa leurs visages. Une odeur de gas-oil leur picota les narines; elle provenait de l'autorail qui s'éloignait en klaxonnant au passage à niveau de Rebourg-sur-Mer.

– Tu veux que nous prenions un taxi? demanda avec douceur Claire à Alexis. Il y en a un qui attend là, sur la place de la gare.

– Non, ça ira. Je préfère marcher. Ça me rappellera des souvenirs...

– Comme tu voudras...

Alexis réajusta les lunettes noires qui masquaient son regard. Il frissonna légèrement, reboutonna sa parka, alluma une High Life d'un geste las, presque désinvolte. Il faisait très star en remontant l'avenue principale de cette minuscule station balnéaire de Normandie, tout en donnant la main à la femme qu'il aimait. Mais Rebourg semblait vide, désespérément vide; personne n'était là qui eût pu les admirer ou, tout simplement, être intrigué par ce jeune couple étrange.

– Écoute! On entend déjà la mer. Tu te souviens, elle est là-bas, juste au bout de l'avenue.

– Oui, on la sent aussi. J'adore cette odeur d'iode et de varech... Ça sent comme à ce moment-là. Il y a quatorze ans déjà! Tu te rends compte... fit-il en effleurant la cicatrice qui lui barrait la tempe droite.

– Arrête! Tu te fais mal. C'est le temps qui passe, voilà tout.

la micheline	locomotive diesel
désinvolte	qui fait montre d'une liberté un peu insolente
le varech	ensemble des algues rejetées par la mer
effleurer	toucher légèrement
la cicatrice	marque laissée par une blessure

1 **Qu'est-ce qui indique que cette scène se passe près de la mer? Donnez quatre réponses.**

2 Qu'est-ce qui suggère que ce n'est pas la première fois que ce couple vient à cette petite ville? Donnez deux réponses.

3 Pourquoi croyez-vous qu'ils y reviennent?

4 À votre avis, qu'est-ce qui a causé la cicatrice d'Alexis?

5 Relevez au cours de votre lecture quatre autres phrases qui indiquent qu'Alexis «faisait très star».

Quatorze ans. Bien sûr que Claire se rendait compte. Elle se souvenait aussi bien que lui de cette époque. En pleine période punk, Alexis, passionné des Who, avait décidé de fonder un groupe «mod». Bien vite, il avait trouvé Jean-Pierre et Francis, batteur et bassiste, qui s'ennuyaient dans des orchestres de bals de Deauville et de Cabourg; ils partageaient le même engouement pour la formation de Pete Townshend et Roger Daltrey. Ils avaient une autre passion en commun: le scooter. Il n'était pas rare qu'ils préfèrent chevaucher leurs engins pour se rendre sur les lieux de concerts plutôt que de se faire accompagner en voiture. Les galas ne manquaient pas. Le trio d'Alexis dénotait agréablement parmi la scène rock normande de 1977 qui ne pensait qu'à imiter les Sex Pistols, les Heartbreakers et les Damned, tout en arborant crêtes et épingles à nourrice. Les membres de Generation – c'était le nom de leur groupe, référence directe au morceau «My Generation» des Who – eux, se complaisaient dans une élégance de garçons coiffeurs. Ainsi, ils étaient parvenus à s'entourer d'un public fidèle qui s'étoffait au fil des prestations. Les clubs les réclamaient tous les samedis et même les dimanches après-midi. C'était le cas du «Malibu», à Rebourg-sur-Mer, en octobre 1977. Quatorze ans déjà...

l'engouement (m)	admiration
dénoter	se faire remarquer par sa différence
arborer	porter avec le désir d'être vu
se complaisaient dans une élégance de garçons coiffeurs	aimaient bien s'habiller (avec une élégance un peu bon marché)
s'étoffer	s'élargir; devenir plus nombreux
la prestation	performance publique

6 Que savons-nous des passions d'Alexis il y a 14 ans?

7 Ses activités artistiques ont-elles réussi ou non? Comment le savez-vous?

Students' worksheets

8 **Qu'était le «Malibu»?**

– Ça se rafraîchit, tu ne trouves pas? Tu n'as pas froid au moins? s'inquiéta Claire.

– Non, tu es gentille...

Elle sourit tendrement, fit pivoter son visage, le regarda. Elle le trouva beau, de profil, avec ses lunettes noires. Très star, comme au temps de Generation, lorsqu'il martelait les riffs surets de «Substitute» sur sa guitare Rickenbacker.

marteler	battre, frapper fort
les riffs surets	mélodies aiguës

9 **Qu'apprend le lecteur sur l'attitude / les sentiments de Claire envers Alexis? Utilisez certains des adjectifs de la liste ci-dessous:**

✳ égoïste ✳ prévenante ✳ tendre ✳ impatiente ✳ indifférente ✳ désinvolte ✳ inquiétante ✳ douce

Le bruit du ressac se rapprochait. Ils avaient accéléré le pas car, déjà, le soir commençait à tomber; ils ne souhaitaient pas être en retard à leur rendez-vous. Les coquettes maisons de Rebourg défilaient avec, aux fenêtres, des jardinières de géraniums qui lançaient leurs derniers rutilants éclats de la saison. La boulangerie était fermée. L'épicerie aussi. Aucune voiture ne les avait jusqu'ici contraints à emprunter le trottoir. Rebourg-sur-Mer se faisait à l'idée qu'il faudrait, sous peu, se recroqueviller dans le cœur humide de l'automne, puis dans celui, glacial, de l'hiver.

– Tu crois qu'ils seront là? demanda Alexis.

le ressac	retour violent des vagues sur elles-mêmes
les rutilants éclats (m)	couleurs brillantes
se recroqueviller	se replier sur soi-même, s'isoler de l'extérieur

10 **Quelle impression avez-vous de la ville de Rebourg?**

11 **Qu'est-ce qui indique que quelqu'un attend Claire et Alexis? Donnez deux réponses.**

12 **À votre avis, qui sont ces personnes?**

– Mais bien sûr. Tiens, j'aperçois Francis sur son scooter, devant le bar. Courons!

Claire tira son mari par la main. Il se laissa faire. Ils arrivèrent bientôt au bout de l'avenue, face à la mer qui écumait d'une mousse céladon. Ils s'arrêtèrent devant le «Café de la Manche», un bar crasseux qui avait remplacé «Le Malibu» depuis dix ans au moins.

– Alexis! Claire! Comment ça va? Depuis le temps!

Francis et Jean-Pierre descendirent de leurs scooters (un Vespa 125 cm^3 de 1954 pour le premier; une Lambretta LD de 1957 pour le second) et s'avancèrent vers le couple. Embrassades.

– Allez! Trêve d'effusions! tempéra Jean-Pierre. Sachez qu'avant d'évoquer Generation et nos souvenirs d'anciens musiciens combattants, un sacré plateau de fruits de mer et un petit muscadet nous attendent. Ce bar ne paie pas de mine mais je connais le patron. Il va nous soigner, je vous le garantis!

céladon	vert pâle
crasseux	très sale
ne paie pas de mine	a mauvaise apparence
nous soigner	s'occuper de nous

13 **Qui sont fin de compte les personnes qui attendaient Claire et Alexis?**

– Non, attends! fit Alexis. Je voudrais d'abord faire un tour de scooter. Tu m'emmènes?

Les trois jeunes gens se regardèrent, dubitatifs. Leur regard se posa sur le visage d'Alexis où s'imprimait une expression enfantine. Claire fit un bref signe d'approbation à l'intention de Jean-Pierre.

– Allez grimpe et tiens-toi bien! dit ce dernier sur un ton faussement décontracté.

Le Lambretta démarra en trombe et emprunta la route qui, vers la droite de l'avenue, longeait la plage. Alexis se sentait bien dans la fraîcheur du soir. Pourtant, il savait que ces instants pouvaient se révéler, au fil de la promenade, difficiles à vivre. Cela faisait quatorze ans qu'il n'était pas remonté sur un scooter. L'air marin lui fouettait les joues; il entendait les cris des mouettes, dans le lointain.

l'approbation (f)	consentement
fouetter	frapper

14 **Que veut faire Alexis avant de manger?**

15 **Comment réagissent ses amis à cette proposition?**

16 **Pouvez-vous deviner pourquoi ils réagissent de cette façon?**

17 **À votre avis, à quoi Alexis pense-t-il pendant la promenade?**

Students' worksheets

Il se voyait juste avant le concert du «Malibu» qu'ils ne firent jamais. Ce soir-là, c'est lui qui pilotait son propre scooter. Entre ses jambes, l'étui noir de la Rickenbacker. Jean-Pierre et Francis, plus loin derrière, roulaient à vitesse réduite. Ils avaient un peu de temps avant le concert. Il faisait doux malgré la saison. Une belle soirée de presque automne. Il savait que Claire l'attendait au «Malibu»; elle avait préféré rester là-bas devant un verre de vieux porto. Il l'avait rencontrée quatre semaines plus tôt. Ils s'aimaient tout aussi fort qu'ils s'aimaient aujourd'hui. Derrière son ami, Alexis se mit à compter les carrefours:

– Ça devait être là, n'est-ce pas Jean-Pierre?

– Oui, c'était là, mais n'y pense plus! Pense à Claire et au délicieux muscadet que nous allons boire ensemble tout à l'heure.

Oui c'était bien là et Jean-Pierre gardait dans la tête l'affreuse image de son camarade projeté en l'air, fauché par ce camion poisseux qui avait refusé la priorité. La Rickenbacker avait volé en éclats à quelques mètres des galets blancs de la jetée. Alexis était resté allongé sur la route, coincé sous son scooter. Les médecins attendirent neuf jours pour se prononcer sur ses chances de survie après la trépanation.

fauché	renversé
poisseux	sale
les galets (m)	cailloux / pierres que l'on trouve sur la plage
coincé	bloqué, immobilisé
la trépanation	opération du crâne

18 **Pourquoi ce concert du «Malibu» n'a-t-il jamais eu lieu?**

– Rebourg n'a pas changé, en dehors du «Malibu»..., dit Jean-Pierre en arrêtant son scooter.

Claire aida Alexis à descendre. Le Lambretta se réflétait dans le miroir des lunettes noires, petite tâche verte comme un point d'espoir dans l'horizon de la nuit éternelle. Elle lui tendit...

19 **Pourquoi Alexis avait-il voulu retourner spécialement à ce carrefour?**

20 Quelle est la signification, à votre avis, de la phrase «petite tache verte comme un point d'espoir dans la nuit éternelle»?

21 Complétez la dernière phrase de l'histoire et discutez vos idées en petits groupes. Vous entendrez ensuite la fin de l'histoire. Quelle est votre réaction?

···(PLIER)··

(Elle lui tendit)... sa canne blanche.

22 À la lecture des derniers mots de cette histoire révélant qu'Alexis est aveugle, il devient évident que beaucoup de phrases dans le texte indiquent sa condition. Faites une liste de ces phrases.

23 Si vous n'aviez pas deviné qu'Alexis était aveugle, pourquoi croyez-vous que vous n'aviez pas apprécié l'importance de ces phrases?

Pratique de la grammaire

L'emploi du passé simple et du passé composé

Cette histoire est écrite au **passé simple** et il faut pouvoir reconnaître les verbes au passé simple quand vous lisez des contes, des romans et, quelquefois, les journaux. La plupart des verbes sont faciles à reconnaître, mais certains sont plus difficiles à identifier. Ce sont aussi les plus fréquents.

avoir – il eut, ils eurent

être – il fut, ils furent

faire – il fit, ils firent

mettre – il mit, ils mirent

Vous trouverez ces quatre verbes dans le texte de *Scooter*.

24 Dans la section «La micheline ... presque désinvolte» (lignes 1 à 12), les premiers verbes au passé simple sont *s'arrêta* et *eurent*. Relevez les huit autres.

Students' worksheets

25 Imaginez maintenant que Claire raconte ces événements à une amie quelques jours plus tard. Naturellement, elle emploiera le passé composé puisqu'il s'agit du français parlé.

Continuez son récit en transformant les verbes que vous avez identifiés dans l'exercice 24 au passé composé. Attention! Il faudra aussi changer d'autres mots.

Claire commencera:

«La micheline **s'est arrêtée**... Nous **avons eu** juste le temps de descendre....»

a   Nos semelles _____

b   Un vent mou _____

c   Une odeur de gas-oil _____

d   J' _____. Tu veux que nous prenions un taxi?

e   Alexis _____ ses lunettes noires.

f   Il _____ légèrement, _____ sa parka, _____ une High Life d'un geste las.

26 Faites maintenant la même chose pour la section «Claire tira son mari... Embrassades.» Claire continue de raconter ces événements à son amie.

Vous commencerez:

«J'ai tiré mon mari par la main.»

a   Il _____ faire.

b   Nous _____ bientôt _____ au bout de l'avenue.

c   Nous _____ devant le «Café de la Manche».

d   Francis et Jean-Pierre _____ de leurs scooters et _____ vers nous.

27 Relisez maintenant le texte en entier et faites une liste de tout le vocabulaire qui se rapporte à la musique.

Texte entier de «Scooter au bout de la nuit»

La micheline s'arrêta trente secondes à peine. Alexis et sa femme eurent juste le temps de descendre. Les semelles de leurs chaussures crissèrent sur les cailloux qui recouvraient le quai. Un vent mou caressa leurs visages. Une odeur de gas-oil leur picota les narines; elle provenait de l'autorail qui s'éloignait en klaxonnant au passage à niveau de Rebourg-sur-Mer.

– Tu veux que nous prenions un taxi? demanda avec douceur Claire à Alexis. Il y en a un qui attend là, sur la place de la gare.

– Non, ça ira. Je préfère marcher. Ça me rappellera des souvenirs...

– Comme tu voudras...

Alexis réajusta les lunettes noires qui masquaient son regard. Il frissonna légèrement, reboutonna sa parka, alluma une High Life d'un geste las, presque désinvolte. Il faisait très star en remontant l'avenue principale de cette minuscule station balnéaire de Normandie, tout en donnant la main à la femme qu'il aimait. Mais Rebourg semblait vide, désespérément vide; personne n'était là qui eût pu les admirer ou, tout simplement, être intrigué par ce jeune couple étrange.

– Écoute! On entend déjà la mer. Tu te souviens, elle est là-bas, juste au bout de l'avenue.

– Oui, on la sent aussi. J'adore cette odeur d'iode et de varech... Ça sent comme à ce moment-là. Il y a quatorze ans déjà! Tu te rends compte... fit-il en effleurant la cicatrice qui lui barrait la tempe droite.

– Arrête! Tu te fais mal. C'est le temps qui passe, voilà tout.

Quatorze ans. Bien sûr que Claire se rendait compte. Elle se souvenait aussi bien que lui de cette époque. En pleine période punk, Alexis, passionné des Who, avait décidé de fonder un groupe «mod». Bien vite, il avait trouvé Jean-Pierre et Francis, batteur et bassiste, qui s'ennuyaient dans des orchestres de bals de Deauville et de Cabourg; ils partageaient le même engouement

Story

pour la formation de Pete Townshend et Roger Daltrey. Ils avaient une autre passion en commun: le scooter. Il n'était pas rare qu'ils préféraient chevaucher leurs engins pour se rendre sur les lieux de concerts plutôt que de se faire accompagner en voiture. Les galas ne manquaient pas. Le trio d'Alexis dénotait agréablement parmi la scène rock normande de 1977 qui ne pensait qu'à imiter les Sex Pistols, les Heartbreakers et les Damned, tout en arborant crêtes et épingles à nourrice. Les membres de Generation – c'était le nom de leur groupe, référence directe au morceau «My Generation» des Who – eux, se complaisaient dans une élégance de garçons coiffeurs. Ainsi, ils étaient parvenus à s'entourer d'un public fidèle qui s'étoffait au fil des prestations. Les clubs les réclamaient tous les samedis et même les dimanches après-midi. C'était le cas du «Malibu», à Rebourg-sur-Mer, en octobre 1977. Quatorze ans déjà...

– Ça se rafraîchit, tu ne trouves pas? Tu n'as pas froid au moins? s'inquiéta Claire.

– Non, tu es gentille...

Elle sourit tendrement, fit pivoter son visage, le regarda. Elle le trouva beau, de profil, avec ses lunettes noires. Très star, comme au temps de Generation, lorsqu'il martelait les riffs surets de «Substitute» sur sa guitare Rickenbacker.

Le bruit du ressac se rapprochait. Ils avaient accéléré le pas car, déjà, le soir commençait à tomber; ils ne souhaitaient pas être en retard à leur rendez-vous. Les coquettes maisons de Rebourg défilaient avec, aux fenêtres, des jardinières de géraniums qui lançaient leurs derniers rutilants éclats de la saison. La boulangerie était fermée. L'épicerie aussi. Aucune voiture ne les avait jusqu'ici contraints à emprunter le trottoir. Rebourg-sur-Mer se faisait à l'idée qu'il faudrait, sous peu, se recroqueviller dans le cœur humide de l'automne, puis dans celui, glacial, de l'hiver.

– Tu crois qu'ils seront là? demanda Alexis.

– Mais bien sûr. Tiens, j'aperçois Francis sur son scooter, devant le bar. Courons!

Claire tira son mari par la main. Il se laissa faire. Ils arrivèrent bientôt au bout de l'avenue, face à la mer qui écumait d'une mousse céladon. Ils s'arrêtèrent devant le «Café de la Manche», un bar crasseux qui avait remplacé «Le Malibu» depuis dix ans au moins.

– Alexis! Claire! Comment ça va? Depuis le temps!

Francis et Jean-Pierre descendirent de leurs scooters (un Vespa 125 cm^3 de 1954 pour le premier; une Lambretta LD de 1957 pour le second) et s'avancèrent vers le couple. Embrassades.

– Allez! Trêve d'effusions! tempéra Jean-Pierre. Sachez qu'avant d'évoquer

Generation et nos souvenirs d'anciens musiciens combattants, un sacré plateau de fruits de mer et un petit muscadet nous attendent. Ce bar ne paie pas de mine mais je connais le patron. Il va nous soigner, je vous le garantis!

– Non, attends! fit Alexis. Je voudrais d'abord faire un tour de scooter. Tu m'emmènes?

Les trois jeunes gens se regardèrent, dubitatifs. Leur regard se posa sur le visage d'Alexis où s'imprimait une expression enfantine. Claire fit un bref signe d'approbation à l'intention de Jean-Pierre.

– Allez grimpe et tiens-toi bien! dit ce dernier sur un ton faussement décontracté.

Le Lambretta démarra en trombe et emprunta la route qui, vers la droite de l'avenue, longeait la plage. Alexis se sentait bien dans la fraîcheur du soir. Pourtant, il savait que ces instants pouvaient se révéler, au fil de la promenade, difficiles à vivre. Cela faisait quatorze ans qu'il n'était pas remonté sur un scooter. L'air marin lui fouettait les joues; il entendait les cris des mouettes, dans le lointain.

Il se voyait juste avant le concert du «Malibu» qu'ils ne firent jamais. Ce soir-là, c'est lui qui pilotait son propre scooter. Entre ses jambes, l'étui noir de la Rickenbacker. Jean-Pierre et Francis, plus loin derrière, roulaient à vitesse réduite. Ils avaient un peu de temps avant le concert. Il faisait doux malgré la saison. Une belle soirée de presque automne. Il savait que Claire l'attendait au «Malibu», elle avait préféré rester là-bas devant un verre de vieux porto. Il l'avait rencontrée quatre semaines plus tôt. Ils s'aimaient tout aussi fort qu'ils s'aimaient aujourd'hui. Derrière son ami, Alexis se mit à compter les carrefours:

– Ça devait être là, n'est-ce pas Jean-Pierre?

– Oui, c'était là, mais n'y pense plus! Pense à Claire et au délicieux muscadet que nous allons boire ensemble tout à l'heure.

Oui c'était bien là et Jean-Pierre gardait dans la tête l'affreuse image de son camarade projeté en l'air, fauché par ce camion poisseux qui avait refusé la priorité. La Rickenbacker avait volé en éclats à quelques mètres des galets blancs de la jetée. Alexis était resté allongé sur la route, coincé sous son scooter. Les médecins attendirent neuf jours pour se prononcer sur ses chances de survie après la trépanation.

– Rebourg n'a pas changé, en dehors du «Malibu»..., dit Jean-Pierre en arrêtant son scooter.

Claire aida Alexis à descendre. Le Lambretta se réflétait dans le miroir des lunettes noires, petite tâche verte comme un point d'espoir dans l'horizon de la nuit éternelle. Elle lui tendit sa canne blanche.

Le diable et le champignon

Michel Tremblay

Teacher's notes

Structures	Language context
imperatives, positive and negative, singular and plural forms, used with pronouns	giving commands, influencing behaviour

This is the second story by *québécois* writer Michel Tremblay featured in this collection. Michel Tremblay was born in Montréal in 1942. He began writing early in life while training at the Institut des Arts Graphiques and it was during his time there that he produced the collection of short stories *Contes pour Buveurs Attardé*s from which *Le Diable et le Champignon* is taken. This is rather a bizarre collection of tales, some comic, some macabre.

Tremblay is a prolific and popular novelist, playwright, song writer and translator and he has also written film scripts. He has adapted or translated Aristophanes, Tennessee Williams and Chekhov among others and his own plays have been performed all over the world. Among his plays are *Les belles-sœurs* (1968), and novels include *La grosse femme d'à côté est enceinte* (1986) and *À toi pour toujours, ta Marie-Lou* (1992).

This story was written in the late 1950s / early 1960s when the proliferation of nuclear weapons and resistance to them were high on the political agenda.

In the course of working on this story students will:

· speculate on the behaviour of the characters

· look out for elements of the fantastic and supernatural

· pay particular attention to the vocabulary of war and anger *(since students are going to be asked to look for this vocabulary, it has been omitted from the lists of vocabulary provided to help general comprehension.)*

· comment on literary techniques.

Suggested lesson plan and answers

Before beginning the reading of the text

Tell the students that this is a kind of fairy tale, containing elements of the supernatural. They will be asked to look out for these each time they read a section of the story.

Ce conte appartient à la littérature fantastique. Cherchez les mots qui le prouvent après avoir lu chaque section. The phrases and words that reveal this fantasy are listed in the notes below, at the end of the sections in which they occur.

There are a number of instances of the structure *ce que c'est* **que** + noun... in this story, and these are worth pointing out to students as they appear, e.g. *tu ne sais pas ce que c'est qu'un soldat?*

Exercice 1

Quelles associations évoque, pour vous, «le roulement de tambour»?

If the students are at a loss here, you could suggest *les soldats, la guerre, une déclaration officielle sur la place du village* but since this is a personal reaction, there is no correct answer.

Le fantastique:

une queue en pointe de flèche

qui lisait dans ses pensées, comme tous les diables

ce roulement de tambour m'accompagne partout

Exercice 2

Qu'est-ce qui vous frappe dans cette conversation? Quelles conclusions en tirez-vous?

Ni le garçon ni l'aubergiste ne connaissent le mot «guerre» ou le mot «soldat». La guerre n'existe pas chez eux.

Exercice 3

À votre avis, pourquoi le diable est-il furieux?

Parce que ces gens ne connaissent pas la guerre.

Le fantastique:

à l'instant même le tambour s'arrêta

Note

You might like to point out to the students that the past subjunctive as seen in *j'eusse préféré que mon vin fût…* is now rarely used even in written French.

Exercice 4

Devinez ce que le diable a dessiné.

Let the students give free course to their imagination!

Le fantastique:

Même que l'aubergiste s'était vu obligé de faire asseoir des gens au plafond.

Make sure that the students don't make the common mistake of confusing *plafond* and *plancher*, or the whole point of the supernatural element will be lost.

Même que is very idiomatic in French, but normal in *québécois*, and means the equivalent of *à tel point que* in standard French, as opposed to Canadian French. You should explain that this expression should not be used by the students in their examinations – even orally!

Exercice 5

Relevez le vocabulaire de la guerre et de la colère que vous avez remarqué jusqu'ici dans la lecture de ce conte.

This is the first of these activities intended to build vocabulary of this kind. Words which students should be seeking here have been intentionally left out of the vocabulary provided to help general comprehension. They should be looking back through the whole text so far.

Vocabulaire de la guerre:

le roulement de tambour, le soldat, la guerre

Vocabulaire de la colère:

en furie, hurler, contrarié, farouchement

Students might be puzzled at this point as to why the devil has chosen to draw a mushroom. You may wish to encourage them to speculate about this, if only from the point of view of the *aubergiste* or the *garçon*.

Exercice 6

Pourquoi la colère du diable a-t-elle redoublé?

Parce que le fusil était en si mauvais état – il était évident que le garçon ne l'utilisait pas souvent.

Exercice 7

Pourquoi le diable est-il déçu quand quelqu'un le remercie?

Assumptions are needed here.

Perhaps:

Il n'aime pas la politesse / la gratitude / la vertu en général / remercier est une preuve de bonté, qualité que rejette le diable

Exercice 8

Qu'est-ce qui vous frappe dans la réponse du garçon?

Il est innocent / il ne comprend pas le concept d'un pays étranger, donc d'un ennemi

Exercice 9

À votre avis, que faut-il pour faire une guerre?

Un ennemi / au moins deux pays ennemis / deux groupes opposés

Exercice 10

Continuez votre liste de vocabulaire de la guerre et de la colère.

Remember that students should be looking out for hints of the supernatural as they read.

Vocabulaire de la guerre:

le fusil

Vocabulaire de la colère:

s'emparer de, tordre, flanqua deux gifles

Le fantastique:

le diable s'approcha du foyer, prit le tisonnier et en soufflant dessus en fit le plus beau fusil qu'on avait jamais vu

Exercice 11

Continuez votre liste de vocabulaire de la guerre et de la colère.

Vocabulaire de la guerre:

un pays ennemi, haïr, tuer

Vocabulaire de la colère:

flanquer des gifles (à quelqu'un), rugir, une claque, un hurlement

The exchange between the devil and the boy here would lend itself well to being acted out in class – perhaps first with the script and then without the script, and improvising on the original theme.

Exercice 12

Imaginez ce que le garçon lui a dit à l'oreille.

Le fantastique:

la porte de l'auberge s'ouvrit aussitôt et le frère de la fiancée parut

Exercice 13

Continuez votre liste de vocabulaire de la guerre et de la colère.

Vocabulaire de la guerre:

se battre, la bataille, le sang, mourir, attaquer, défendre

Vocabulaire de la colère:

provoquer, cracher à la figure

Exercice 14

Relevez les phrases qui montrent l'innocence du frère et le changement qui s'est opéré chez le garçon.

le frère sursauta et regarda le garçon avec de grands yeux interrogateurs

il y avait une lueur au fond de ses yeux; j'ai joui de le voir mourir

Exercice 15

Continuez le calcul.

This is just intended as a little game of numbers, best done orally and quickly.

Exercice 16

La liste de véhicules munis d'armes devient absurde. Continuez-la.

Intended to encourage an imaginative and equally absurd response, again best done orally and quickly.

des soucoupes volantes, des cerfs-volants

Exercice 17

Quel est l'effet des listes des paragraphes ci-dessus?

It is hoped here that students will reflect on how the comic can convey a more serious message.

La guerre est absurde mais destructrice et continuelle.

You may wish to exploit this list with an intonation exercise: ask the students to read out the lists as the French would do, with the intonation rising on the last syllable: e.g. *on se défend<u>ait</u>, on se tu<u>ait</u>*, etc.

Exercice 18

Quel est ce champignon?

Here it would be interesting to ask if anyone has noticed any previous hints of what was to come – see text preceding question 11 *Et le champignon? Le champignon? Il viendra plus tard. Beaucoup plus tard. Tu seras peut-être mort, alors.* The devil has set in motion an inexorable chain of events which will lead to total destruction.

Le nuage causé par l'explosion de la bombe atomique

Exercice 19

Terminez votre liste de vocabulaire de la guerre et de la colère.

Vocabulaire de la guerre:

les coups, les coups de fusil, les mitraillettes, les armes, les navires, la lutte

Vocabulaire de la colère:

une injure, une insulte

Le fantastique:

une fanfare envahit la cour de l'auberge; le diable fit un petit signe de la main et le champignon parut

Exercice 20

Before beginning this exercise revise pronouns and imperatives if necessary.

a   va le chercher

b   touche-le

c   prends-le

d   appelle-les

e   crache-lui à la figure

f   tue-les

g   écoutez-la

h   chantez-le

i   allez-y

j   attaquez-les

Exercice 21

a   ne l'écoute pas / n'écoute pas le diable

b   ne va pas le chercher / ne va pas chercher ton fusil

c   ne le prends pas / ne prends pas ton fusil

d   ne lui lance pas d'injures / ne lance pas d'injures au frère de ta fiancée

e   ne les appelle pas / n'appelle pas tes camarades

f   ne les prenez pas / ne prenez pas vos armes

g   n'y allez pas / n'allez pas sur le champ de bataille

h   ne vous mettez pas en colère

i   ne les haïssez pas / ne haïssez pas vos voisins

j   ne les tuez pas / ne tuez pas vos voisins

Teacher's notes

Exercice 22

Remplissez cette grille de mots croisés à l'aide des définitions qui suivent. Tous les mots proviennent du texte. Cette grille de mots croisés se lit horizontalement, à part un mot «caché» vertical que vous découvrirez lorsque vous aurez rempli la grille.

			¹F	U	S	I	L							
						²H	A	I	R					
				³T	A	M	B	O	U	R				
			⁴P	R	O	V	O	Q	U	E	R			
					⁵A	R	M	E	S					
							⁶B	A	T	A	I	L	L	E
		⁷C	R	A	C	H	E	R						
⁸H	U	R	L	E	M	E	N	T						
						⁹L	U	T	T	E				
							¹⁰C	O	U	P	S			
						¹¹C	L	A	Q	U	E			
			¹²G	I	F	L	E							
						¹³S	A	N	G					
			¹⁴M	O	U	R	I	R						
			¹⁵I	N	J	U	R	E	S					
			¹⁶F	U	R	I	E	U	X					

Exercice 23

Imaginez que vous écrivez une critique du «Diable et le champignon» pour une revue littéraire.

1 Vous expliquerez l'objectif de Michel Tremblay en écrivant ce conte.

2 Vous analyserez les méthodes qu'il a employées pour arriver à cet objectif.

3 Vous déterminerez enfin si l'auteur a réussi ou non dans son objectif.

Écrivez 500 mots.

A personal assessment of the story is required here. Students should begin by offering their view of Tremblay's objective – to highlight the origins of aggression and the threat of nuclear war (the story was written in the late 1950s or early 1960s when the proliferation of nuclear weapons and resistance against them were high on the political agenda.)

When examining the author's way of treating his theme, students might be expected to comment on the use of the fantastic, the placing of the narrative in a distant 'fairy story' setting, use of humour, etc. A conclusion giving a personal view of Tremblay's success should also be required:

1 L'objectif

*Écrire un conte qui utilise **la fantaisie** et **la surprise** pour nous **faire rire** et **réfléchir** aux origines de l'agressivité chez l'homme. Les possibilités d'une catastrophe sont d'autant plus effrayantes depuis l'invention de la bombe nucléaire.*

2 Les méthodes

*Tremblay crée un diable **fantastique** mais qui a certains traits **humoristiques** – un peu ivrogne, une queue toute longue dont il est très fier. Il incarne aussi la colère, la violence, l'impatience, la ruse. Le cadre historique et géographique est vague – une auberge, des paysans frustes vivant dans un monde simple et innocent.*

3 Tremblay réalise-t-il son objectif?

*Le diable contrôle ces personnages – l'auteur réussit-il à nous **faire rire** en décrivant sa façon de les manipuler? Pourquoi/pourquoi pas? Est-ce que la juxtaposition de ce monde féérique et de la technologie la plus moderne et la plus effrayante choque le lecteur? Dans quelle mesure avez-vous deviné que le champignon représente le nuage causé par l'explosion atomique? Était-ce une **surprise**? Est-ce que cette façon de présenter l'horreur de la guerre et notre capacité pour le mal vous fait **réfléchir**?*

Exercice 24

L'avocat du diable

Sujets de débat:

- **Depuis la fin de la Guerre Froide, la menace de la bombe atomique est de l'histoire ancienne.**

- **L'innocence n'existe pas dans notre société. Même les enfants sont corrompus.**

A suggested way of organising this debate is to ask students to work in small groups, perhaps of three or four, to prepare one side of the argument. The subjects are purposely designed to be controversial. It is hoped that they will begin to use French to reflect on wider issues, developing ways of expressing shades of agreement and disagreement. Students can refer to the list of expressions for use in debate on pages 6 and 7 if necessary.

Where oral examinations require candidates to defend a point of view, this exercise should provide them with useful practice.

To further extend able students, you might consider asking them to present another book / short novel they have read which dealt with *le fantastique* (Terry Pratchett, Huxley, Hubbard, etc.). What did they like in it? Was it a parable? How did the author use humour? etc.

Le diable et le champignon – vocabulaire

le diable	devil
la queue	tail
traîner	to drag along
s'enfuir	to run away
l'auberge (f)	inn
à boire!	bring me something to drink!
le tablier	apron
le charbon	coal
le fourneau	stove
se taper	to slap
la cuisse	thigh
la figure	face
le roulement de tambour	drum roll
le soldat	soldier
l'aubergiste (m/f)	innkeeper
la guerre	war
faire un discours	to make a speech
ignorer	not to know
le fusil	gun
l'ivrogne (m/f)	drunkard
rouillé	rusty
crotté	dirty
tordre	to twist; to bend
le foyer	grate
le tisonnier	poker
flanquer une gifle / une claque à quelqu'un	to slap someone in the face
rugir	to bellow; to roar
des tas de	lots of
antipathique	unpleasant; disagreeable
sursauter	to start, jump (with surprise)
cracher	to spit
éclaboussé	spattered
la lueur	gleam
la mitraillette	submachine gun
la trottinette	scooter
la lutte	struggle

Le diable et le champignon

Michel Tremblay

◇◇

C'était un grand diable de diable. Comme tous les diables, il avait une queue. Une drôle de queue. Une queue de diable, toute longue, et qui traînait par terre. Et qui se terminait en pointe de flèche. Bref, c'était un grand diable de diable avec une queue.

Il marchait sur la route et toutes les filles qu'il rencontrait s'enfuyaient en tenant leurs jupes. Lorsqu'elles étaient rendues chez elles, elles criaient: «J'ai vu le diable! Le diable est là, je l'ai vu! C'est vrai, je vous le dis!»

Et le diable continuait sa route. Les regardait s'enfuir en souriant.

Il arriva à une auberge. «À boire!» cria le diable. On lui servit à boire. L'aubergiste avait peur. «Tu as peur du diable?» demanda le diable. «Oui», répondit timidement l'aubergiste et le diable rit. «Ton vin est bon, aubergiste, je reviendrai!» L'aubergiste baissa la tête en s'essuyant les mains sur son tablier d'aubergiste. Blanc. Mais sale. Avec dessus des traces de sauces, de viande, de légumes qu'on vient d'arracher de la terre, de charbon aussi parce qu'il faut bien allumer les fourneaux, le matin. «Pour une fois, pensait l'aubergiste, j'eusse préféré que mon vin fût moins bon!» Et le diable qui lisait dans ses pensées comme tous les diables rit plus fort et même se tapa sur les cuisses.

Mais quelqu'un était entré dans l'auberge et le diable se tut. C'était un garçon. Un garçon jeune avec une figure belle. «D'où vient ce roulement de tambour que j'entends?» demanda le diable. «Je ne sais pas.» répondit le garçon. «Ce roulement de tambour m'accompagne partout depuis que je suis né sans que je

s'enfuir	s'en aller, se sauver très vite
lorsqu'elles étaient rendues chez elles	lorsqu'elles étaient rentrées chez elles
le fourneau	cuisinière à bois ou à charbon (*être à ses fourneaux = faire la cuisine*)
j'eusse préféré que mon vin fût...	équivalent à: *j'aurais préféré que mon vin soit...*

1 **Quelles associations évoque, pour vous, le «roulement de tambour»?**

Le diable s'approcha du garçon et s'assit à côté de lui sur un banc. «Tu es soldat?» demanda le diable. Et à l'instant même le tambour s'arrêta. «Soldat? Qu'est-ce que c'est?» demanda à son tour le garçon. «Comment!» s'écria le diable, «Tu ne sais pas ce que c'est qu'un soldat? Aubergiste, voilà un garçon qui ne sait pas ce que c'est qu'un soldat!» L'aubergiste, qui était retourné à sa cuisine, revint dans la salle et dit: «Moi non plus je ne sais pas ce que c'est qu'un soldat.»

– Mais voyons, cria le diable, voyons, voyons! Un soldat, c'est quelqu'un qui fait la guerre!

– La guerre? dit le garçon. Qu'est-ce que c'est?

– Tu ne sais pas ce que c'est que la guerre? demanda le diable.

– Non. C'est là un mot que je ne connais pas, répondit le garçon.

– C'est un mot tout nouveau pour nous, ajouta l'aubergiste.

2 **Qu'est-ce qui vous frappe dans cette conversation? Quelles conclusions en tirez-vous?**

Alors le diable en furie hurla en se tenant la tête à deux mains...

3 **À votre avis, pourquoi le diable est-il furieux?**

Students' worksheets

«Aurais-je oublié d'inventer la guerre?»

– Je veux un morceau de charbon, cria le diable. L'aubergiste lui en apporta un. «Il n'est pas assez gros. Il me faut un gros morceau de charbon. Il me faut le plus gros morceau de charbon!» L'aubergiste lui donna alors le plus gros morceau de charbon qu'il possédait. «Il n'est pas encore assez gros!» dit le diable. L'aubergiste répondit: «Il n'y en a pas de plus gros. C'est lui, le plus gros. Le plus gros que j'ai.»

– C'est bon, fit le diable, contrarié, puisque c'est le plus gros que tu as...

Alors le diable monta sur la table et fit ce discours: «Vous qui ignorez ce que c'est que la guerre, ouvrez bien grandes vos oreilles!» La salle de l'auberge était pleine à craquer. Même que l'aubergiste s'était vu obligé de faire asseoir des gens au plafond. «Regardez sur ce mur, continua le diable. Avec ce mauvais morceau de charbon, je vais vous montrer ce que c'est que la guerre!» Se précipitant alors sur le mur, le diable se mit à dessiner farouchement. Le dessin qu'il fit était le dessin d'un...

faire un discours   parler / s'adresser à un groupe

4 **Devinez ce que le diable a dessiné.**

(PLIER)

(Le dessin qu'il fit était le dessin d'un)...champignon. Un immense champignon qui emplissait le mur de l'auberge. Quand il eut fini, le diable revint d'un bond sur la table et déclara: «Voilà. Je vous ai dessiné une guerre. Une petite guerre, mon morceau de charbon étant trop petit pour que je puisse vous en dessiner une grosse, une vraie.» Tout le monde disparut en applaudissant et il ne resta plus dans l'auberge que le diable, le garçon et l'aubergiste. «Mais c'est un champignon!» dit le garçon en riant. «Un vulgaire champignon! Et un soldat, c'est quelqu'un qui cultive les champignons?»

5 **Relevez le vocabulaire de la guerre et de la colère que vous avez remarqué jusqu'ici dans la lecture de ce conte.**

Students' worksheets

– Tu ne comprends rien, dit le diable en faisant tourner sa queue, rien de rien. Ce champignon-là n'est pas un champignon ordinaire! Tu sais ce que c'est qu'un fusil?

– Oui, répondit le garçon.

– Ah! voilà au moins une chose que je n'ai pas oublié d'inventer, c'est déjà ça. Tu as un fusil?

– Oui.

– Va me le chercher tout de suite. La guerre ne peut attendre. Elle a assez tardé!

Le garçon s'en fut chercher son fusil cependant que le diable buvait une bouteille de vin (c'était un diable un peu ivrogne.)

L'aubergiste regardait le champignon qui était sur le mur et se grattait la tête en pensant: «Quand même, un si gros champignon... quelle économie!» Et il retourna à sa cuisine.

Déjà, le garçon était de retour avec son fusil. Quand le diable vit le fusil du garçon, sa colère redoubla. Comment, c'était là un fusil? On le prenait pour un idiot, ou quoi? Tout rouillé! Tout crotté! Même qu'il y manquait des morceaux!

Students' worksheets

le garçon s'en fut	équivalent à: *le garçon est parti*
vit	passé simple du verbe *voir*
rouillé	corrodé
crotté	sale
même qu'il y manquait des morceaux (français québécois familier)	Il y manquait même des morceaux *(expression équivalente en français standard de France)*

6 | Pourquoi la colère du diable a-t-elle redoublé?

Le diable s'empara du fusil et le tordit. Le garçon ouvrit grand les yeux et dit: «Oh!»

Le diable s'approcha du foyer, prit le tisonnier et en soufflant dessus en fit le plus beau fusil qu'on avait jamais vu. Le garçon dit au diable: «Je peux le toucher?»

«Mais comment donc, répondit le diable. Il est à toi. Je te le donne!» Le garçon le remercia. «Ne me remercie pas, cela me déçoit toujours!»

tordre	déformer
le foyer	feu
le tisonnier	longue barre de fer pour remuer le feu

7 | Pourquoi le diable est-il déçu quand quelqu'un le remercie?

Le garçon serrait le fusil contre lui, et l'embrassait. Il se mit à danser en le tenant dans ses bras comme s'il se fût agi d'une femme. «Tu l'aimes bien, le fusil, hein?» fit le diable. «Oh! oui.» répondit le garçon en dansant. Le diable l'arrêta d'un geste et le fit reculer jusqu'au banc. «Comment appelle-t-on le pays voisin? Le pays qui touche au tien?» demanda-t-il au garçon. Ce dernier parut fort surpris. «Le pays voisin? Mais il n'y a pas de pays voisin! Il n'y a qu'un pays, le monde...»

comme s'il se fût agi d'une femme	équivalent à: *comme s'il s'agissait d'une femme; comme si c'était une femme*

8 | Qu'est-ce qui vous frappe dans la réponse du garçon?

Students' worksheets

"Le monde est un pays. Le mien.» Le diable flanqua deux gifles au garçon qui tourna deux fois sur lui-même.

– A-t-on déjà vu gens aussi ignorants! rugit le diable. Le monde, un pays? Mais vous êtes tous fous! Voyons... pour faire une guerre il faut...

9 À votre avis, que faut-il pour faire une guerre?

10 Continuez votre liste de vocabulaire de la guerre et de la colère.

(...) au moins deux pays. Disons que le village qui se trouve de l'autre côté de la rivière est un autre pays. Un pays ennemi. Surtout, ne me dis pas que tu ignores ce que signifie le mot ennemi ou je te flanque deux autres claques! Tu hais les gens de l'autre village... tu les hais de tout ton cœur, tu entends?

– Mais ma fiancée…

– Et ta fiancée aussi! Elle, plus que les autres! Tu les hais tous et tu veux les tuer!

Le garçon bondit sur ses pieds. «Avec mon fusil?» cria-t-il. «Mais c'est impossible! Nous ne nous servons de nos fusils que pour tuer les oiseaux ou les animaux...»

– Tu veux les tuer avec ton fusil parce que c'est comme ça que doit commencer la première guerre! Tu seras le premier soldat!

– Il faut donc tuer les gens pour faire la guerre? dit le garçon en regardant le champignon.

– Oui, c'est ça. Faire la guerre, c'est tuer des gens. Des tas de gens! Tu verras comme c'est amusant!

– Et le champignon? demanda le garçon.

– Le champignon? Il viendra plus tard. Beaucoup plus tard. Tu seras peut-être mort, alors.

– Tué?

Students' worksheets

– Probablement.

– Dans la guerre?

– Oui.

– Alors, je ne veux pas être soldat. Ni faire la guerre.

Le diable monta sur la table et poussa un terrible hurlement de diable. «Tu feras ce que je te dirai de faire!» cria-t-il ensuite au garçon.

11 **Continuez votre liste de vocabulaire de la guerre et de la colère.**

Le diable descendit de la table, prit le garçon par les épaules, le fit asseoir et lui dit: «Tu es un homme, je suppose que tu aimes te battre... Non, ne m'interromps pas, j'ai compris. Tu ne t'es jamais battu, n'est-ce pas? Écoute... Tu n'aimerais pas voir surgir devant toi quelqu'un qui t'est antipathique depuis toujours... Il doit bien y avoir quelqu'un que tu n'aimes pas particulièrement... quelqu'un que tu pourrais haïr franchement et avec qui tu pourrais te battre... Il ne t'es jamais arrivé de sentir le besoin de haïr? Le besoin de te battre?» Le garçon répondit tout bas: «Oui, j'ai déjà ressenti ce besoin et j'aimerais me battre avec...»

– Qui, qui? cria le diable.

– Le frère de ma fiancée qui s'oppose à notre mariage.

La porte de l'auberge s'ouvrit aussitôt et le frère de la fiancée parut. «Vas-y, souffla le diable à l'oreille du garçon, profite de l'occasion! Personne ne vous verra ni vous entendra. Provoque-le... dis-lui des choses désagréables... la bataille viendra toute seule.»

Le garçon se leva, s'approcha du frère de sa fiancée et lui dit quelque chose à l'oreille.

12 **Imaginez ce que le garçon lui a dit à l'oreille.**

Students' worksheets

Le frère sursauta et regarda le garçon avec de grands yeux interrogateurs. Alors le garçon lui cracha à la figure. Les deux hommes sortirent de l'auberge pendant que le diable s'installait à la fenêtre.

Au bout de deux minutes à peine, le garçon rentra dans l'auberge. Il était couvert de poussière et ses vêtements étaient éclaboussés de sang. Il avait une lueur au fond des yeux et il souriait. «Je l'ai tué.» cria-t-il. «Je l'ai tué et j'ai joui de le voir mourir!»

Une fanfare envahit la cour de l'auberge. Une fanfare de diables qui jouait des airs que les soldats aiment.

– Suivons la fanfare, dit le diable au garçon. Allons au village voisin apprendre aux paysans que tu as tué leur fils… Ils sortiront leurs fusils… voudront t'attaquer… les tiens viendront te défendre… Allons-y, soldat, la guerre nous attend!

sursauter	faire un mouvement brusque de surprise
au bout de deux minutes à peine	après deux minutes maximum
éclaboussés	couverts
j'ai joui de	j'ai été content de

13 **Continuez votre liste de vocabulaire de la guerre et de la colère.**

14 Relevez les phrases qui montrent l'innocence du frère et le changement qui s'est opéré chez le garçon.

> La fanfare, le diable et le soldat partirent dans la direction du village d'à côté. Et la fanfare jouait de beaux airs, et le diable dansait, et le garçon riait... Alors le soldat se multiplia: deux soldats, puis quatre soldats, puis huit, puis (…)

15 Continuez le calcul.

> Il y eut des injures, des insultes, puis des coups, puis des coups de fusil; on courait, on se cachait, on attaquait, on se défendait, on se tuait, on tombait, on se relevait, on retombait... Arrivèrent les fusils; toutes sortes de fusils, des petits, des moyens, des gros, des moins petits et des plus gros, des plus petits et des moins gros; puis des canons, des mitraillettes, des avions munis d'armes, des navires munis d'armes, des autos, des trains, des tracteurs, (…)

16 La liste de véhicules munis d'armes devient absurde. Continuez–la.

> ... des autobus, des voitures de pompiers, des bicyclettes, des trottinettes, des voitures de bébés munis d'armes... La lutte augmentait toujours, toujours, sans jamais s'arrêter. Cela durait, et durait, et durait, et durait…

17 Quel est l'effet des listes des paragraphes ci-dessus?

> Puis, un jour où le ciel était clair, le diable fit un petit signe de la main et le champignon parut.

fit	passé simple du verbe *faire*
parut	passé simple du verbe *paraître*

18 Quel est ce champignon?

19 Terminez votre liste de vocabulaire de la guerre et de la colère.

Students' worksheets

Pratique de la grammaire

Les impératifs du Bien et du Mal

Le diable veut pousser le garçon à faire la guerre. Par conséquent, il utilise des impératifs, des commandes à travers le conte pour le persuader de faire du mal.

Par exemple:

- «profite de l'occasion! (…) dis-lui des choses désagréables…»

Les impératifs du Mal

20 **En vous basant sur l'exemple, imaginez ce que le diable dit au garçon.**

Exemple:

Le diable veut que le garçon provoque le frère de sa fiancée. Que dit le diable au garçon?

→ «Provoque-le.»

a   Le diable veut que le garçon aille chercher le fusil.

b   Le diable veut qu'il touche le fusil.

c   Le diable veut qu'il prenne le fusil.

d   Le diable veut qu'il appelle les villageois.

e   Le diable veut qu'il crache à la figure du frère de sa fiancée.

   (Attention! Vous aurez besoin d'un pronom indirect ici.)

f   Le diable veut qu'il tue les gens de l'autre village.

Maintenant imaginez ce que le diable dit aux soldats.

Exemple:

Le diable veut que les soldats le suivent. Que leur dit-il?

→ «Suivez-moi.»

g   Le diable veut qu'ils écoutent la musique militaire.

h   Le diable veut qu'ils chantent un air militaire qu'il aime bien.

i   Le diable veut qu'ils aillent au village voisin.

j   Le diable veut qu'ils attaquent leurs adversaires.

Students' worksheets

Les impératifs du Bien

21 Vous trouverez ci-dessous des phrases que la voix du Mal aurait pu dire au garçon et aux soldats. Imaginez maintenant que la voix du Bien chuchote à l'oreille du garçon pour le supplier de ne pas écouter le diable. En vous basant sur l'exemple, imaginez ce que la voix du Bien conseille au garçon. Utilisez l'impératif à la forme négative dans vos réponses.

Exemple:

Le diable: «Provoque le fiancé de ta sœur.»

→ **La voix du Bien:** «Ne le provoque pas!»

a   «Écoute-moi.»

b   «Va chercher ton fusil.»

c   «Prends ton fusil.»

d   «Lance des injures au frère de ta fiancée.»

e   «Appelle tes camarades.»

Et que dit la voix du Bien aux soldats?

Exemple:

Le diable: «Suivez le garçon.»

→ **La voix du Bien:** «Ne le suivez pas.»

f   «Prenez vos armes.»

g   «Allez sur le champ de bataille.»

h   «Mettez-vous en colère.»

i   «Haïssez vos voisins.»

j   «Tuez vos voisins.»

Students' worksheets

22 Remplissez cette grille de mots croisés à l'aide des définitions qui suivent. Tous les mots proviennent du texte. Cette grille de mots croisés se lit horizontalement, à part un mot «caché» vertical que vous découvrirez lorsque vous aurez rempli la grille.

1 une arme
2 détester
3 instrument à percussion
4 inciter
5 instruments servant à tuer
6 combat entre deux armées
7 projeter de la salive
8 cri de rage

9 combat
10 chocs brutaux pour faire mal
11 coup donné avec le plat de la main
12 frappé
13 ce qui est versé quand on est blessé
14 décéder
15 insultes
16 en proie à une folle colère

© Advance Materials 2010 *Lire, imaginer, composer*

23 Imaginez que vous écrivez une critique du «Diable et le champignon» pour une revue littéraire.

1 Vous expliquerez l'objectif de Michel Tremblay en écrivant ce conte.

2 Vous analyserez les méthodes qu'il a employées pour arriver à cet objectif.

3 Vous déterminerez enfin si l'auteur a réussi ou non dans son objectif.

Écrivez 500 mots.

L'avocat du diable

Sujets de débat:

• Depuis la fin de la Guerre Froide, la menace de la bombe atomique est de l'histoire ancienne.

• L'innocence n'existe pas dans notre société. Même les enfants sont corrompus.

Students' worksheets

Texte entier du «Diable et le champignon»

Some small cuts have been made, with permission, to Michel Tremblay's original text. These are indicated thus: (…).

C'était un grand diable de diable. Comme tous les diables, il avait une queue. Une drôle de queue. Une queue de diable, toute longue, et qui traînait par terre. Et qui se terminait en pointe de flèche. Bref, c'était un grand diable de diable avec une queue.

Il marchait sur la route et toutes les filles qu'il rencontrait s'enfuyaient en tenant leurs jupes. Lorsqu'elles étaient rendues chez elles, elles criaient: «J'ai vu le diable! Le diable est là, je l'ai vu! C'est vrai, je vous le dis!»

Et le diable continuait sa route. Les regardait s'enfuir en souriant.

Il arriva à une auberge. «À boire!» cria le diable. On lui servit à boire. L'aubergiste avait peur. «Tu as peur du diable?» demanda le diable. «Oui», répondit timidement l'aubergiste et le diable rit. «Ton vin est bon, aubergiste, je reviendrai!» L'aubergiste baissa la tête en s'essuyant les mains sur son tablier d'aubergiste. Blanc. Mais sale. Avec dessus des traces de sauces, de viande, de légumes qu'on vient d'arracher de la terre, de charbon aussi parce qu'il faut bien allumer les fourneaux, le matin. «Pour une fois, pensait l'aubergiste, j'eusse préféré que mon vin fût moins bon!» Et le diable qui lisait dans ses pensées comme tous les diables rit plus fort et même se tapa sur les cuisses.

Mais quelqu'un était entré dans l'auberge et le diable se tut. C'était un garçon. Un garçon jeune avec une figure belle. «D'où vient ce roulement de tambour que j'entends?» demanda le diable. «Je ne sais pas.» répondit le garçon. «Ce roulement de tambour m'accompagne partout depuis que je suis né sans que je sache d'où il vient. C'est toujours comme ça. Il est toujours avec moi.» Le diable s'approcha du garçon et s'assit à côté de lui sur un banc. «Tu es soldat?» demanda le diable. Et à l'instant même le tambour s'arrêta. «Soldat? Qu'est-ce que c'est?» demanda à son tour le garçon. «Comment!» s'écria le diable, «Tu ne sais pas ce que c'est qu'un soldat? Aubergiste, voilà un garçon qui ne sait pas ce que c'est qu'un soldat!» L'aubergiste, qui était retourné à sa cuisine, revint dans la salle et dit: «Moi non plus je ne sais pas ce que c'est qu'un

Story

soldat.»

– Mais voyons, cria le diable, voyons, voyons! Un soldat, c'est quelqu'un qui fait la guerre!

– La guerre? dit le garçon. Qu'est-ce que c'est?

– Tu ne sais pas ce que c'est que la guerre? demanda le diable.

– Non. C'est là un mot que je ne connais pas, répondit le garçon.

– C'est un mot tout nouveau pour nous, ajouta l'aubergiste.

Alors le diable en furie hurla en se tenant la tête à deux mains: «Aurais-je oublié d'inventer la guerre?» (…)

– Je veux un morceau de charbon, cria le diable. L'aubergiste lui en apporta un. «Il n'est pas assez gros. Il me faut un gros morceau de charbon. Il me faut le plus gros morceau de charbon!» L'aubergiste lui donna alors le plus gros morceau de charbon qu'il possédait. «Il n'est pas encore assez gros!» dit le diable. L'aubergiste répondit: «Il n'y en a pas de plus gros. C'est lui, le plus gros. Le plus gros que j'ai.»

– C'est bon, fit le diable, contrarié, puisque c'est le plus gros que tu as…

Alors le diable monta sur la table et fit ce discours: «Vous qui ignorez ce que c'est que la guerre, ouvrez bien grandes vos oreilles!» La salle de l'auberge était pleine à craquer. Même que l'aubergiste s'était vu obligé de faire asseoir des gens au plafond. «Regardez sur ce mur, continua le diable. Avec ce mauvais morceau de charbon, je vais vous montrer ce que c'est que la guerre!» Se précipitant alors sur le mur, le diable se mit à dessiner farouchement. Le dessin qu'il fit était le dessin d'un champignon. Un immense champignon qui emplissait le mur de l'auberge. Quand il eut fini, le diable revint d'un bond sur la table et déclara: «Voilà. Je vous ai dessiné une guerre. Une petite guerre, mon morceau de charbon étant trop petit pour que je puisse vous en dessiner une grosse, une vraie.» Tout le monde disparut en applaudissant et il ne resta plus dans l'auberge que le diable, le garçon et l'aubergiste. «Mais c'est un champignon!» dit le garçon en riant. «Un vulgaire champignon! Et un soldat, c'est quelqu'un qui cultive les champignons?»

– Tu ne comprends rien, dit le diable en faisant tourner sa queue, rien de rien. Ce champignon-là n'est pas un champignon ordinaire! Tu sais ce que c'est qu'un fusil?

– Oui, répondit le garçon.

– Ah! voilà au moins une chose que je n'ai pas oublié d'inventer, c'est déjà ça. Tu as un fusil?

– Oui.

– Va me le chercher tout de suite. La guerre ne peut attendre. Elle a assez tardé!

Le garçon s'en fut chercher son fusil cependant que le diable buvait une bouteille de vin (c'était un diable un peu ivrogne.)

L'aubergiste regardait le champignon qui était sur le mur et se grattait la tête en pensant: «Quand même, un si gros champignon ... quelle économie!» Et il retourna à sa cuisine (…)

Déjà, le garçon était de retour avec son fusil. Quand le diable vit le fusil du garçon, sa colère redoubla. Comment, c'était là un fusil? On le prenait pour un idiot, ou quoi? Tout rouillé! Tout crotté! Même qu'il y manquait des morceaux! Le diable s'empara du fusil et le tordit. Le garçon ouvrit grand les yeux et dit: «Oh!»

Le diable s'approcha du foyer, prit le tisonnier et en soufflant dessus en fit le plus beau fusil qu'on avait jamais vu. Le garçon dit au diable: «Je peux le toucher?»

"Mais comment donc, répondit le diable. Il est à toi. Je te le donne!» Le garçon le remercia. «Ne me remercie pas, cela me déçoit toujours!»

Le garçon serrait le fusil contre lui, et l'embrassait. Il se mit à danser en le tenant dans ses bras comme s'il se fût agi d'une femme. «Tu l'aimes bien, le fusil, hein?» fit le diable. «Oh! oui.» répondit le garçon en dansant. Le diable l'arrêta d'un geste et le fit reculer jusqu'au banc. «Comment appelle-t-on le pays voisin? Le pays qui touche au tien?» demanda-t-il au garçon. Ce dernier parut fort surpris. «Le pays voisin? Mais il n'y a pas de pays voisin! Il n'y a qu'un pays, le monde. Le monde est un pays. Le mien.» Le diable flanqua deux gifles au garçon qui tourna deux fois sur lui-même.

– A-t-on déjà vu gens aussi ignorants! rugit le diable. Le monde, un pays? Mais vous êtes tous fous! Voyons… pour faire une guerre il faut…au moins deux pays. Disons que le village qui se trouve de l'autre côté de la rivière est un autre pays. Un pays ennemi. Surtout, ne me dis pas que tu ignores ce que signifie le mot ennemi ou je te flanque deux autres claques! Tu hais les gens de l'autre village... tu les hais de tout ton cœur, tu entends?

– Mais ma fiancée…

– Et ta fiancée aussi! Elle, plus que les autres! Tu les hais tous et tu veux les tuer!

Le garçon bondit sur ses pieds. «Avec mon fusil?» cria-t-il. «Mais c'est impossible! Nous ne nous servons de nos fusils que pour tuer les oiseaux ou les animaux...»

– Tu veux les tuer avec ton fusil parce que c'est comme ça que doit commencer la première guerre! Tu seras le premier soldat!

90

– Il faut donc tuer les gens pour faire la guerre? dit le garçon en regardant le champignon.

– Oui, c'est ça. Faire la guerre, c'est tuer des gens. Des tas de gens! Tu verras comme c'est amusant!

– Et le champignon? demanda le garçon.

– Le champignon? Il viendra plus tard. Beaucoup plus tard. Tu seras peut-être mort, alors.

– Tué?

– Probablement.

– Dans la guerre?

– Oui.

– Alors, je ne veux pas être soldat. Ni faire la guerre.

Le diable monta sur la table et poussa un terrible hurlement de diable. «Tu feras ce que je te dirai de faire!» cria-t-il ensuite au garçon (…)

Le diable descendit de la table, prit le garçon par les épaules, le fit asseoir et lui dit: «Tu es un homme, je suppose que tu aimes te battre… Non, ne m'interromps pas, j'ai compris. Tu ne t'es jamais battu, n'est-ce pas? (…) Écoute… Tu n'aimerais pas voir surgir devant toi quelqu'un qui t'est antipathique depuis toujours… Il doit bien y avoir quelqu'un que tu n'aimes pas particulièrement… quelqu'un que tu pourrais haïr franchement et avec qui tu pourrais te battre… Il ne t'es jamais arrivé de sentir le besoin de haïr? Le besoin de te battre?» Le garçon répondit tout bas: «Oui, j'ai déjà ressenti ce besoin et j'aimerais me battre avec...»

– Qui, qui? cria le diable.

– Le frère de ma fiancée qui s'oppose à notre mariage.

La porte de l'auberge s'ouvrit aussitôt et le frère de la fiancée parut. «Vas-y, souffla le diable à l'oreille du garçon, profite de l'occasion! Personne ne vous verra ni vous entendra. Provoque-le... dis-lui des choses désagréables... la bataille viendra toute seule.»

Le garçon se leva, s'approcha du frère de sa fiancée et lui dit quelque chose à l'oreille. Le frère sursauta et regarda le garçon avec de grands yeux interrogateurs. Alors le garçon lui cracha à la figure. Les deux hommes sortirent de l'auberge pendant que le diable s'installait à la fenêtre.

Au bout de deux minutes à peine, le garçon rentra dans l'auberge. Il était couvert de poussière et ses vêtements étaient éclaboussés de sang. Il avait une

Story

lueur au fond des yeux et il souriait. «Je l'ai tué.» cria-t-il. «Je l'ai tué et j'ai joui de le voir mourir!»

Une fanfare envahit la cour de l'auberge. Une fanfare de diables qui jouait des airs que les soldats aiment.

– Suivons la fanfare, dit le diable au garçon. Allons au village voisin apprendre aux paysans que tu as tué leur fils... Ils sortiront leurs fusils... voudront t'attaquer... les tiens viendront te défendre... Allons-y, soldat, la guerre nous attend!

La fanfare, le diable et le soldat partirent dans la direction du village d'à côté. Et la fanfare jouait de beaux airs, et le diable dansait, et le garçon riait... Alors le soldat se multiplia: deux soldats, puis quatre soldats, puis huit, puis seize, puis trente-deux, puis soixante-quatre, puis cent vingt-huit, puis deux cent cinquante-six, puis cinq cent douze, puis mille vingt-quatre, puis deux mille quarante-huit, puis quatre mille quatre-vingt-seize... Il y eut des injures, des insultes, puis des coups, puis des coups de fusil; on courait, on se cachait, on attaquait, on se défendait, on se tuait, on tombait, on se relevait, on retombait... Arrivèrent les fusils; toutes sortes de fusils, des petits, des moyens, des gros, des moins petits et des plus gros, des plus petits et des moins gros; puis des canons, des mitraillettes, des avions munis d'armes, des navires munis d'armes, des autos, des trains, des tracteurs, des autobus, des voitures de pompiers, des bicyclettes, des trottinettes, des voitures de bébés munis d'armes... La lutte augmentait toujours, toujours, sans jamais s'arrêter. Cela durait, et durait, et durait, et durait...

Puis, un jour où le ciel était clair, le diable fit un petit signe de la main et le champignon parut.

Portrait de famille

Maryse Condé

Teacher's notes

Structures	Language context
future tense	looking ahead and speculating about future experiences
imperfect tense	looking back to previous attitudes and way of life
conjunctions and prepositions of opposition *tandis que, alors que, par contre, pourtant, cependant, malgré* use of emphatic pronouns	expressing contrasting or paradoxical points of view

This story tells of the childhood experiences of the author, Maryse Condé, who grew up in Guadeloupe in the 1940s. Her parents were educated people, who, although black, were devoted to French culture and delighted in their regular visits to La Métropole. That this unquestioning devotion to all things French and complete neglect of anything to do with black culture will bring about a rift between parents and children, is already evident in the story. The elder son brands his parents as *des aliénés*, and the little girl is puzzled and disturbed by these contradictions.

By reading something which steps back a generation, students might see issues of immigration and multi-culturalism in a different light from that of contemporary accounts.

Maryse Condé was born in Guadeloupe and has lived in Paris, Guinea, Senegal, the Ivory Coast and the USA. Her best-selling novel, *Ségou,* appeared in 1984-85; it tells the story of three or four generations of an African family and of a whole civilisation which is changed forever first by the rise of Islam and then by European colonisation. *Ségou* was situated in present-day Mali. According to Françoise Pfaff, in her book *Entretiens avec Maryse Condé* (Editions Karthala, 1993), *Ségou* «illustre la grandeur et la décadence d'un peuple africain symbolisé par une famille précise». Maryse Condé received the *Grand Prix Littéraire de la Femme* in 1986 for *Moi, Tituba, sorcière… noire de Salem* and in 1988 the *Prix Anaïs Nin de l'Académie Française* for *La vie scélérate*. She has also written children's books, among them *Hugo le Terrible*, the story of hurricane Hugo seen from a child's point of view, a story which is in some ways reminiscent of Richard Hughes' *A High Wind in Jamaica*. Maryse Condé has taught at Harvard and at the University of Columbia in New York.

In the course of reading this story students will:

* look for clues and draw conclusions from a complex text

* work on general and detailed comprehension

* look at how the language used reveals attitudes and latent conflict

* use their imagination to speculate and make predictions

* learn something of the background to France's multi-ethnic society

* make use of structures to express contradiction and opposition.

Suggested lesson plan and answers

Exercice 1

Pouvez-vous imaginer ce dont les parents de l'auteur avaient été privés?

Because speculation is required here, you could introduce the expression *Peut-être que...*

e.g. *Peut-être qu'ils avaient été privés de la présence de leur fils, parti à la guerre.*

La France coupée en deux refers of course to the division of France into the Occupied Zone in the north and Vichy France in the south during the Second World War.

Drancy was a transit camp for Jewish detainees between 1941 and 1944.

Exercice 2

Qui est donc ce couple? Où habite-t-il, d'après vous?

The clues provided by *fonctionnaire* and *en exercice* should suggest a professional couple; *en métropole* should suggest residence outside of France. (This is explained in the vocabulary, but should be familiar to students who have studied *La Francophonie*.)

Exercice 3

Trouvez trois expressions qui communiquent au lecteur l'importance de la France pour ce couple.

1   la mère patrie
2   Paris – la Ville Lumière
3   qui seule donnait de l'éclat à leur existence (could also be taken together with the previous phrase)
4   merveilles
5   leur pays d'adoption

1 and 2 are set expressions in French and good expressions for students to learn and re-use.

Exercice 4

Qu'est-ce qui indique qu'il s'agit d'une narratrice et non d'un narrateur?

*J'étais **la** petit**e** derni**ère***

Exercice 5

Qu'est-ce qui indique qu'il s'agit d'une famille nombreuse?

Le docteur Mélas qui l'avait accouchée sept fois

Exercice 6

Pourquoi la mère de la narratrice avait-elle honte?

Elle se croyait trop vieille pour être enceinte, donc elle cachait son ventre, comme peut le faire une mère célibataire.

As the phrase *fille-mère* is no longer 'politically correct', introduce the expression *mère célibataire*.

Exercice 7

Trouvez dans cette section le mot qui indique plus précisément l'origine de cette famille.

créoles

Since the mother is wearing *bijoux créoles*, she probably comes from a country where Creole is spoken i.e. Haïti, Guyane, Guadeloupe, Martinique, Dominique, Sainte-Lucie in the Caribbean (Antilles), Louisiane, Réunion, Maurice, Rodrigues, Seychelles or Madagascar in the Indian Ocean.

The term *créole* refers to languages arising from contact between European languages such as French, English, Spanish or Portuguese with indigenous languages or those imported from Africa during the slave trade. Different varieties of French creole are spoken in the countries mentioned above.

Exercice 8

Expliquez cette exclamation des garçons de café.

Ils s'étonnaient de voir des Noirs qui parlaient si bien le français.

It is very important by this point to be sure that the students realise that these people are black. At this time, shortly after the war, they would have appeared very exotic to the waiters in Paris.

Exercice 9

Expliquez la réaction des parents au «compliment» des garçons de café.

Les parents s'étonnaient / étaient énervés que les Français les considèrent comme des étrangers, sous prétexte de la couleur de leur peau – alors qu'ils se savaient être plus instruits et plus polis que beaucoup de Français de métropole.

You may wish to give your students the opportunity to practise superlatives here in the same way as the father does: *plus* + adjective, *meilleur* + noun, verb + *davantage*. Possible situations might be: driving on the roads, in a restaurant, at a children's sports competition, etc.

Exercice 10

Qui étaient «les ramasseurs de pourboires en gilet noir»?

Les garçons de café.

Exercice 11

Pourquoi les garçons de café «se hissaient-ils au-dessus de leurs généreux clients»?

Parce qu'ils se croyaient supérieurs aux Noirs.

Exercice 12

Trouvez un mot dans le texte qui indique la réaction de la petite narratrice à cette situation.

(qui me) navrait (qui me faisait de la peine)

The little girl is very saddened by this injustice. Moreover, she does not understand why her parents, who are highly educated and well-respected at home, should get angry at what people, who are obviously inferior to them, may say.

Exercice 13

Pourquoi croyez-vous que les enfants avaient le droit de sortir et de fréquenter les autres enfants à Paris, mais pas en Guadeloupe?

A cause du désir des parents de voir leurs enfants bien éduqués. Ceux-ci voulaient encourager le contact avec les Français, mais pas avec les «petits-nègres» qui ne parlaient que créole entre eux.

Note: The term *petits-nègres* typically indicates the 'lower classes' in the Antilles, whereas *grands-nègres* indicates the 'upper classes'.

Exercice 14

Que voulaient les parents pour leurs enfants?

Ils voulaient que leurs enfants reçoivent une bonne éducation et qu'ils deviennent médecins, architectes, avocats, etc. Bref, qu'ils réussissent dans la vie.

Ebony – an African-American periodical from the 1940s.

Teacher's notes

Exercice 15

Traduisez en anglais la définition par la narratrice du mot *aliéné*.

Someone who is alienated tries to be what they can't be because they don't like what they are.

Here the term *aliéné* is used in the English sense 'alienated' – Sandrino and his sister are obviously very impressed by American culture! Actually it is a *faux ami*. In French *aliéner* has a specific legal meaning, or it can mean 'to lose a natural right such as liberty', or it can be used in the sense of alienating other people. The noun *un aliéné* used to mean *un fou*, but this is not now considered politically correct.

In this context you might feel it is appropriate to introduce an oral activity. For example, ask your students to describe a situation in which they found their parents embarrassing – the setting, who was there, what their parents said or did, how other people responded, what the students themselves felt. If you feel that this might interrupt the reading, you may find it more appropriate to exploit this activity at the end of the story.

Exercice 16

Comment la narratrice s'est-elle montrée «une tout autre petite fille»?

Elle a cessé d'être un enfant modèle et elle a commencé à s'opposer à tout ce que ses parents proposaient. Elle est devenue une adolescente difficile.

Exercice 17

Pourquoi croyez-vous que les parents proposaient *Aïda* ou *Les Nymphéas*?

Aïda – opera by Verdi; *l'Orangerie* – gallery in Paris with large collection of Impressionist paintings of which Monet's many versions of *Les Nymphéas (Water lilies)* are among the best known. Visits to the Opera or to a well-known gallery would certainly appeal to the tastes of this couple because they would be anxious that their children grow up to be 'cultured'.

Parce que l'opéra de Verdi et les tableaux de Monet étaient des exemples de la culture occidentale qu'ils admiraient.

Exercice 18

Quel paradoxe est évident dans l'attitude des parents envers leurs origines et leur éducation?

La rue des Écoles is in the *Quartier Latin*, the area around the Sorbonne in the Vᵉ arrondissement in Paris, the old university quarter.

Ils pensaient que les Noirs et les Français étaient égaux et qu'ils étaient, eux, les plus brillants, les plus intelligents, etc. Pourtant, ils ignoraient complètement leur héritage africain. Ils étaient convaincus que la culture européenne était supérieure à toute autre.

This is of course the paradoxical thinking which will divide the generations and is indeed the key to this story. Understanding this will give the student readers a very different insight into relations between black and white from those they are used to.

See note on *grands-nègres* in exercise 13 above.

Exercice 19

Discussion en groupe.

The aim of this exercise is to encourage discussion of an idea central to the story – alienation. What do we understand by this phenomenon? How do we see it affecting society in our own country or in any country we may know, including, of course, French-speaking countries?

Le garçon traite ses parents d'aliénés parce qu'ils rejettent leurs origines pour embrasser la culture française. Un problème de la société contemporaine est celui de la *marginalisation*. Que suggère ce terme pour vous?

Ne pas faire partie du groupe ou de la société où l'on vit.

Être rejeté par la société/se mettre en

marge de la société.

Pouvez-vous donner des exemples de groupes ou d'individus qui se mettent volontairement en marge de la société?

les tsiganes, les gitans, les clochards, les hippies.

Pouvez-vous donner des exemples de groupes ou d'individus qui sont marginalisés par la société?

les immigrés, les drogués, les victimes du Sida, les SDF.

Comment la société réagit-elle vis-à-vis de ces personnes?

Parfois en les marginalisant encore plus, ce que fait par exemple le Front National en France.

En encourageant la compréhension avec des initiatives sociales.

En présentant des lois pour protéger les Droits de l'Homme, etc.

Quel est le rôle de l'éducation?

D'encourager la compréhension, la coopération, l'égalité, le respect des autres, etc.

Exercice 20

Vous trouverez ci-dessous une liste de points tirés du texte. Faites des phrases entières en employant *pourtant, cependant, néanmoins, tandis que, par contre* ou *malgré*.

The aim of this exercise is to help students to form complex sentences to express contradictory ideas. It will be necessary to explain the role of the conjunctions in joining sentences together and that of the preposition *malgré* followed by a noun. It would also be as well to be prepared to explain the use of *malgré le fait que* + verb, as it is likely that students will come up with responses where this is necessary.

e.g. *Malgré le fait que les garçons de café étaient inférieurs, mes parents les enviaient.*

This exercise will provide students with a greater understanding of the values of the narrator's parents, which should help them in the exercises which follow, where they are

asked to imagine the future of the children and potential conflicts with their parents.

Explain to the students that they should use the *ideas* in each half of the sentence, but that they don't necessarily need to use exactly the same words. This exercise is demanding both in content and language. The intention is to provide scope to challenge the most able students and to give them the opportunity to express contrasting points of view in sophisticated language. Of course, there could be a wide range of possible answers and structures used. You will no doubt use your discrimination in deciding which of your students should do this exercise.

Suggested answers:

a   Nos parents ne nous accordaient pas de liberté en Guadeloupe, *cependant* nous étions tout à fait libres à Paris.

   Malgré notre manque de liberté en Guadeloupe, nous étions tout à fait libres à Paris.

b   Nos parents nous refusaient le contact avec les enfants de Guadeloupe, *pourtant* ils encourageaient le contact avec les petits Parisiens.

c   Nos parents ne voulaient pas que nous parlions le créole. *Par contre* ils nous encourageaient à parler le français.

d   *Malgré* l'attitude des garçons de café, mes parents ne doutaient pas de leur propre supériorité.

e   Mes parents croyaient que les garçons de café (leur) étaient inférieurs, *néanmoins* ils les enviaient.

f   Mes parents se considéraient plus français que les garçons, *tandis que* Sandrino les voyait comme des «aliénés».

g   *Malgré* la tristesse du Paris de l'après-guerre, nous portions des couleurs vives et des bijoux créoles.

h   Mes parents ignoraient leur héritage africain, *pourtant* ils admiraient la culture occidentale.

i   Pour beaucoup, la France étaient le siège du pouvoir colonial, *cependant* pour mes parents elle était la mère patrie.

j   *Malgré* les atrocités de la guerre, ils ne pensaient qu'à leurs voyages en France.

Exercice 21

This exercise builds on the last one in that it encourages the students to imagine the different attitudes that the children in the story were likely to develop growing up in the 1950s and 1960s and how these may cause conflict with their parents. Before starting the exercise, it might be a good idea to ask students to foresee/brainstorm areas of possible disagreement between the generations. (Some preliminary work of this kind here will also pave the way for the group/pair discussion suggested in exercise 22.) This exercise requires the students to write sentences using the imperfect and future tenses, and the conjunctions *tandis que*, *alors que* and *par contre* as in the previous exercise. The use of emphatic pronouns to further underline differences of outlook is introduced here. You may find it helpful to look at the suggested answers before the students begin the exercise to see whether you need to do any preliminary grammatical revision.

Suggested answers:

1   Mon père, lui, voyageait seulement en Europe, alors que moi, je voyagerai partout dans le monde.

2   Mon père, lui, était ignorant de son héritage africain, tandis que nous, nous serons fiers. de notre héritage africain.

3   Mes parents, eux, voulaient choisir une profession pour mon frère, tandis que lui, il voudra faire son propre choix.

4   Ma mère, elle, s'habillait à la mode européenne. Moi, par contre, je m'habillerai à la mode africaine.

5   Mes parents, eux, ne fréquentaient que des Européens, alors que nous, nous fréquenterons d'autres Noirs.

6   Mes parents, eux, s'intéressaient à la culture occidentale. Nous, par contre, nous nous intéresserons à la culture africaine.

7   Mon père, lui, lisait des romans français, tandis que moi, je lirai des romans antillais.

8   Ma mère, elle, écoutait de la musique classique, alors que nous, nous écouterons de la musique moderne.

9   Mes parents, eux, parlaient uniquement le français en famille. Nous, par contre, nous parlerons le créole.

Exercice 22

In this discussion exercise, which may be done in pairs or in groups, it is hoped that students will raise issues of multiculturalism, integration, discrimination, etc. You may wish to focus on issues specific to France, such as the ethnic origins of its black population, the Front National, etc., depending on what topics the students have studied.

As far as language is concerned, the aim of the exercise is to get the students to make active use of the structures practised in the previous exercises – conjunctions of opposition, future and imperfect tenses and emphatic pronouns. You may find it necessary to revise the full range of emphatic pronouns here and in preparation for the next two exercises.

Exercices 23 et 24

The aim here is once again to provide the opportunity to develop ideas imaginatively and to make full use of the structures and vocabulary met in the course of this unit. You might like to encourage your students to refer back to particular events in the story, e.g. the visit to *Les Nymphéas* or *Aïda*, and imagine how each generation recalls it.

You may wish to exploit this further by asking students to look back on their own childhood and write about particular events, describing on the one hand how they felt about them, and on the other, how their parents probably felt.

Portrait de famille – vocabulaire

être privé de	to have to do without
le fonctionnaire	civil servant
en exercice	holding a professional position
le congé	period of leave
en métropole	in mainland France
le siège du pouvoir colonial	seat of colonial power
la mère patrie	motherland
donner de l'éclat	to brighten
aussi	therefore
le mitan	middle
le paquebot	liner
l'escale (f)	port of call
accoucher quelqu'un	to attend a woman in childbirth
la grossesse	pregnancy
la fille-mère	unmarried mother / teenager mother
morose	gloomy
le bambin / la bambine	toddler; young child
précoce	precocious
voleter	to flutter
lâcher	to come out with (words)
le diabolo menthe	soft drink made of mint cordial and lemonade
sans broncher	without a word
se borner	to restrict oneself
hocher du chef	to nod
renchérir	to add
instruit	educated
un pathétique	pathos
navrer	to upset
se plaindre de	to complain of
s'inverser	to be reversed
le pourboire	tip
se hisser	to raise oneself
la bonne mine	respectable appearance
orgueilleux	proud
rivaliser avec	to compete with

être dans l'embarras (m)	to find oneself in difficulty
de son propre aveu	on one's own admission
ne pas arriver à la cheville de quelqu'un	to be inferior to someone
vissé, cadenassé	rooted; grounded, shut in
le créole	Creole (language that arose out of the contact between French and African languages. It was not considered by many educated people to be a 'proper' language)
le gwoka	West Indian drum
la mine	facial expression
la blennorragie	gonorrhoea
se faire serment	to swear (an oath)
raisonneur	argumentative
viser	to aim at, target
les souliers (m)	shoes
les nœuds (m)	ribbons
l'orgueil (m)	pride
ignorer	to be unaware of
occidental	Western, (here, European)
reconnaissant	grateful
la prevue par neuf	absolute proof

Portrait de famille

Maryse Condé

> Si quelqu'un avait demandé à mes parents leur opinion sur la Deuxième Guerre mondiale, ils auraient répondu sans hésiter que c'était la période la plus sombre qu'ils aient jamais connue. Non pas à cause de la France coupée en deux, des camps de Drancy ou d'Auschwitz, de l'extermination de six millions de Juifs, ni de tous ces crimes contre l'humanité qui n'ont pas fini d'être payés, mais parce que pendant sept interminables années, ils avaient été privés de ce qui comptait le plus pour eux:

être privé de	être obligé de renoncer à
compter	(ici) être important

1 **Pouvez-vous imaginer ce dont les parents de l'auteur avaient été privés?**

················(PLIER)································

> *(ils avaient été privés de ce qui comptait le plus pour eux)...* leurs voyages en France. Comme mon père était un ancien fonctionnaire et ma mère en exercice, ils bénéficiaient régulièrement d'un congé «en métropole» avec leurs enfants.

le fonctionnaire	employé permanent dans l'administration publique
en exercice	en service professionnel
le congé	période de vacances
en métropole	en France

2 **Qui est donc ce couple? Où habite-t-il, d'après vous?**

Pour eux, la France n'était nullement le siège du pouvoir colonial. C'était véritablement la mère patrie et Paris, la Ville Lumière qui seule donnait de l'éclat à leur existence. Ma mère nous chargeait la tête de descriptions des merveilles du carreau du Temple et du marché Saint-Pierre avec, en prime, la Sainte-Chapelle et Versailles. Aussi, dès le mitan de l'année 1946, ils reprirent avec délices le paquebot qui devait les mener au port du Havre, première escale sur le chemin du retour au pays d'adoption.

donner de l'éclat	apporter quelque chose de spectaculaire / de splendide; (ici) apporter quelque chose d'intéressant
aussi	(ici) donc; c'est pourquoi
le mitan	milieu
reprirent	passé simple du verbe *reprendre*
l'escale (f)	arrêt

3 **Trouvez trois expressions qui communiquent au lecteur l'importance de la France pour ce couple.**

J'étais la petite dernière. Un des récits mythiques de la famille concernait ma naissance. Mon père portait droit ses soixante-trois ans. Ma mère venait de fêter ses quarante-trois ans. Quand elle ne vit plus son sang, elle crut aux premiers signes de la ménopause et elle courut trouver son gynécologue, le docteur Mélas qui l'avait accouchée sept fois. Après l'avoir examinée, il partit d'un éclat de rire.

– Ça m'a fait tellement honte, racontait ma mère à ses amies, que pendant les premiers mois de ma grossesse, c'était comme si j'étais une fille-mère. J'essayais de cacher mon ventre devant moi.

crut	passé simple du verbe *croire*
accoucher quelqu'un	aider une femme à mettre un enfant au monde
la grossesse	condition d'une femme enceinte (qui attend un bébé)

4 **Qu'est-ce qui indique qu'il s'agit d'une narratrice et non d'un narrateur?**

5 **Qu'est-ce qui indique qu'il s'agit d'une famille nombreuse?**

6 **Pourquoi la mère de la narratrice avait-elle honte?**

© Advance Materials 2010 *Lire, imaginer, composer*

Aujourd'hui, je me représente le spectacle peu courant que nous offrions, assis aux terrasses du Quartier Latin dans le Paris morose de l'après-guerre. Mon père ancien séducteur au maintien avantageux, ma mère couverte de somptueux bijoux créoles, leurs huit enfants, mes sœurs yeux baissés, parées comme des châsses, mes frères adolescents, l'un d'eux déjà à sa première année de médecine, et moi, bambine outrageusement gâtée, l'esprit précoce pour son âge.

morose	triste
au maintien avantageux	à belle allure
parées comme des châsses	habillées avec beaucoup de soin, décorées comme des objets religieux
le bambin / la bambine	jeune enfant, âgé environ de deux à quatre ans

7 **Trouvez dans cette section le mot qui indique plus précisément l'origine de cette famille.**

Students' worksheets

Leurs plateaux en équilibre sur la hanche, les garçons de café voletaient autour de nous remplis d'admiration comme autant de mouches à miel. Ils lâchaient invariablement en servant les diabolos menthe:

– Qu'est-ce que vous parlez bien le français!

voleter   se déplacer rapidement

8 **Expliquez cette exclamation des garçons de café.**

Mes parents recevaient le compliment sans broncher ni sourire et se bornaient à hocher du chef. Une fois que les garçons avaient tourné le dos, ils nous prenaient à témoin:

– Pourtant, nous sommes aussi français qu'eux, soupirait mon père.

– Plus français, renchérissait ma mère avec violence. Nous sommes plus instruits. Nous avons de meilleures manières. Nous lisons davantage.

sans broncher	sans dire un mot
se borner	se limiter
hocher du chef	dire oui de la tête
renchérir	ajouter

9 **Expliquez la réaction des parents au «compliment» des garçons de café.**

Il y avait dans cet échange un pathétique qui, toute petite que j'étais, me navrait. C'est d'une grave injustice qu'ils se plaignaient. Sans raison, les rôles s'inversaient. Les ramasseurs de pourboires en gilet noir et tablier blanc se hissaient au-dessus de leurs généreux clients.

Ils possédaient tout naturellement cette identité française qui, malgré leur bonne mine, était niée, refusée à mes parents. Et moi, je ne comprenais pas en vertu de quoi ces gens orgueilleux, contents d'eux-mêmes, notables dans leur pays, rivalisaient avec les garçons qui les servaient.

se hisser	s'élever
leur bonne mine	(ici) leur allure respectable
orgueilleux	fier

10 **Qui étaient «les ramasseurs de pourboires en gilet noir»?**

11 **Pourquoi les garçons de café «se hissaient-ils au-dessus de leurs généreux clients»?**

12 **Trouvez un mot dans le texte qui indique la réaction de la petite narratrice à cette situation.**

Un jour, je décidai d'en avoir le cœur net. Comme chaque fois que j'étais dans l'embarras, je me tournai vers mon frère Alexandre qui s'était lui-même rebaptisé Sandrino «pour faire plus américain». Est-ce qu'il y comprenait quelque chose au comportement de nos parents? Pourquoi enviaient-ils si fort des gens qui de leur propre aveu ne leur arrivaient pas à la cheville?

Nous habitions un appartement au rez-de-chaussée dans une rue tranquille du septième arrondissement. Ce n'était pas comme à La Pointe où nous étions vissés, cadenassés à la maison. Nos parents nous autorisaient à sortir autant que nous le voulions et même à fréquenter les autres enfants. En ce temps-là, cette liberté m'étonnait. Je compris plus tard qu'en France, nos parents n'avaient pas peur que nous nous mettions à parler le créole ou que nous prenions goût au gwoka comme les petits-nègres de La Pointe...

en avoir le cœur net	trouver une explication; être éclairé sur un point
l'embarras (m)	difficulté
ne pas arriver à la cheville de quelqu'un	être inférieur à quelqu'un
vissés	(ici) obligés de rester à la maison; coincés
cadenassés	enfermés
le gwoka	tambour antillais

13 **Pourquoi croyez-vous que les enfants avaient le droit de sortir et de fréquenter les autres enfants à Paris, mais pas en Guadeloupe?**

Pour me répondre, Sandrino s'adossa contre une porte cochère. Sa figure joviale, encore marquée par les joues rondes de l'enfance, se recouvrit d'un masque sombre. Sa voix s'alourdit:

– T'occupe pas, laissa-t-il tomber. Papa et maman sont une paire d'aliénés.

Aliénés? Qu'est-ce que cela voulait dire? Je n'osai pas poser de questions. Cela n'était pas la première fois que j'entendis Sandrino faire des jeux avec mes parents. Ma mère avait accroché au-dessus de son lit une photo découpée dans Ebony. On y admirait une famille noire américaine de huit enfants comme la nôtre. Tous médecins, avocats, ingénieurs, architectes. Bref, la gloire de leur parents.

14 Que voulaient les parents pour leurs enfants?

En même temps, j'avais trop de foi dans mon frère pour douter de son jugement. A sa mine, au ton de sa voix, je sentais qu'«aliénés», cette parole mystérieuse, désignait une qualité d'affection honteuse comme la blennorragie, peut-être même mortelle comme la fièvre typhoïde qui l'année passée avait emporté des quantités de gens à La Pointe. A minuit, à force de coller tous les indices entre eux, je finis par bâtir un semblant de théorie. Une personne aliénée est une personne qui cherche à être ce qu'elle ne peut pas être parce qu'elle n'aime pas ce qu'elle est. À deux heures du matin, au moment de prendre sommeil, je me fis le serment confus de ne jamais devenir une aliénée.

la mine	expression
la blennorragie	maladie sexuelle
se faire serment	se jurer; se promettre

15 Traduisez en anglais la définition par la narratrice du mot aliéné.

En conséquence, je me réveillai une tout autre petite fille. D'enfant modèle, je devins répliqueuse et raisonneuse. Comme je ne savais pas bien ce que je visais, il me suffisait de questionner tout ce que mes parents proposaient. Une soirée à l'Opéra pour écouter les trompettes d'Aïda. Une visite à l'Orangerie pour admirer les Nymphéas. Ou tout simplement une robe, une paire de souliers, des nœuds pour mes cheveux.

répliqueux (québécois)	qui répond à tout au lieu d'écouter / de faire ce qu'on lui dit (*répliqueur* en français standard de France)
raisonneur	qui discute tout ce qu'on lui propose
viser	avoir comme objectif
les souliers (m)	chaussures

16 **Comment la narratrice s'est-elle montrée «une tout autre petite fille»?**

17 **Pourquoi croyez-vous que les parents proposaient *Aïda* ou *Les Nymphéas*?**

Lire, imaginer, composer

Students' worksheets

Depuis, j'ai eu tout le temps de comprendre le sens du mot «aliéné» et surtout de me demander si Sandrino avait raison. Mes parents étaient-ils des aliénés? Sûr et certain, ils n'éprouvaient aucun orgueil de leur héritage africain. Ils l'ignoraient. C'est un fait! Au cours de ces séjours en France, mon père ne prit jamais le chemin de la rue des Écoles où la revue Présence africaine sortait du cerveau d'Alioune Diop. Comme ma mère, il était convaincu que seule, la culture occidentale vaut la peine d'exister et il se montrait reconnaissant envers la France qui leur avait permis de l'obtenir. En même temps, ni l'un ni l'autre n'éprouvaient le moindre sentiment d'infériorité à cause de leur couleur. Ils se croyaient les plus brillants, les plus intelligents, la preuve par neuf de l'avancement de leur Race de Grands-Nègres.

Est-ce cela être «aliéné»?

l'orgueil (m)	fierté
ignorer	ne pas connaître; être ignorant de
se montrer reconnaissant envers	remercier
la preuve par neuf	preuve absolue

18 **Quel paradoxe est évident dans l'attitude des parents envers leurs origines et leur éducation?**

19 **Discussion en groupe.**

- **Le garçon traite ses parents d'aliénés parce qu'ils rejettent leurs origines pour embrasser la culture française. Un problème de la société contemporaine est celui de la *marginalisation*. Que suggère ce terme pour vous?**

- **Pouvez-vous donner des exemples de groupes ou d'individus qui se mettent volontairement en marge de la société?**

- **Pouvez-vous donner des exemples de groupes ou d'individus qui sont marginalisés par la société?**

- **Comment la société réagit-elle vis-à-vis de ces personnes?**

- **Quel est le rôle de l'éducation?**

Pratique de la grammaire

Il y a beaucoup de contradictions et de paradoxes dans l'attitude des parents. Comme beaucoup de personnes, ils voyaient ce qu'il leur plaisait de voir et refusaient de voir ce qui ne leur plaisait pas. Par exemple, leur retour en France après la guerre leur a fait tellement plaisir qu'ils n'ont pas remarqué la tristesse de Paris.

Pour souligner l'opposition et le contraste on peut employer des conjonctions comme *pourtant, cependant, néanmoins, tandis que, par contre* ou des prépositions comme *malgré*.

20 **Vous trouverez ci-après une liste de points tirés du texte. Étudiez les exemples ci-dessous et écrivez ensuite des phrases entières du même type en employant *pourtant, cependant, néanmoins* ou *malgré*.**

Exemples:

la tristesse du Paris de l'après-guerre

le plaisir de retourner en France

- Le Paris de l'après-guerre était triste, *pourtant / cependant / néanmoins* mes parents étaient contents d'y retourner.

- *Malgré* la tristesse du Paris de l'après-guerre, mes parents étaient contents d'y retourner.

leur reconnaissance envers la France

aucun sentiment d'infériorité

- Mes parents éprouvaient de la reconnaissance envers la France, *pourtant / cependant / néanmoins* ils n'éprouvaient aucun sentiment d'infériorité.

- *Malgré* leur reconnaissance envers la France, mes parents n'éprouvaient aucun sentiment d'infériorité.

a   notre manque de liberté en Guadeloupe

    notre liberté à Paris

b   contact avec les enfants de Guadeloupe refusé

    contact avec les petits Parisiens encouragé

c   parler le créole

    parler français

d   l'attitude des garçons de café

    le manque de doutes de mes parents sur leur propre supériorité

e   l'infériorité des garçons de café

    l'envie éprouvée par mes parents

f   le point de vue de mes parents: plus français que les garçons

    selon Sandrino: des «aliénés»

g   la tristesse du Paris de l'après-guerre

    des couleurs vives et des bijoux créoles

h   leur héritage africain

    la culture occidentale

Students' worksheets

i   le siège du pouvoir colonial

     la mère patrie

j   les atrocités de la guerre

     les voyages en France

On peut imaginer qu'il y aura beaucoup de différences d'opinion et d'expériences entre ces parents et leurs enfants à l'avenir. On peut exprimer cette opposition entre les générations avec les conjonctions *tandis que, alors que* or *par contre* comme dans l'exercice précédent et on peut souligner cette opposition en ajoutant les pronoms *moi, toi, lui, elle, nous, vous, eux* ou *elles*.

21 Étudiez les exemples suivants et écrivez ensuite des phrases du même type.

Exemples:

nos parents	nous, les enfants
toujours la France	*les pays africains*
(**aller**)	

→ *Nos parents, eux*, allaient (imparfait) toujours en France, *tandis que nous*, nous irons (futur) dans les pays africains.

ma mère	moi
toujours des robes européennes	*souvent des robes traditionnelles*
(**porter**)	

→ *Ma mère, elle*, portait (imparfait) toujours des robes européennes, *alors que moi*, je porterai souvent (futur) des robes traditionnelles.

1. | mon père | moi |
   |---|---|
   | *seulement en Europe* | *partout dans le monde* |
   | (**voyager**) | |

2. | mon père | nous, les enfants |
   |---|---|
   | *ignorant de son héritage africain* | *fiers de notre héritage africain* |
   | (**être**) | |

3. | mes parents | mon frère |
   |---|---|
   | *choisir une profession pour mon frère* | *faire son propre choix* |
   | (**vouloir**) | |

4. | ma mère | moi |
   |---|---|
   | *à la mode européenne* | *à la mode africaine* |
   | (**s'habiller**) | |

5.   mes parents   nous, les enfants
     que des Européens   *d'autres Noirs*
     (**fréquenter**)

6.   mes parents   nous, les enfants
     la culture occidentale   *la culture africaine*
     (**s'intéresser à**)

7.   mon père   moi
     des romans français   *des romans antillais*
     (**lire**)

8.   ma mère   mon frère et moi
     la musique classique   *la musique moderne*
     (**écouter**)

9.   mes parents   nous, les enfants
     uniquement le français en famille   *le créole*
     (**parler**)

22 Les expériences des enfants de cette famille seront sans doute très différentes de celles de leurs parents. Avec un partenaire ou dans un groupe, imaginez la vie de ces enfants à l'avenir. Resteront-ils en Guadeloupe ou iront-ils s'installer en France?

Croyez-vous qu'ils auront certains problèmes à surmonter plus tard dans la vie? Comment vont-ils profiter de l'éducation qu'ils ont reçue?

Croyez-vous que votre éducation vous aidera dans la vie? Vos parents ont-ils certaines ambitions pour vous, ou bien vous laissent-ils choisir?

Dans *Portrait de famille*, Maryse Condé raconte les expériences personnelles de sa propre enfance. Adulte, elle a quitté la Guadeloupe et a longtemps vécu en Afrique de l'Ouest (Sénégal, Côte d'Ivoire), à Paris et aux États-Unis. Elle est devenue un auteur célèbre à travers ses romans sur l'Afrique Noire et ses livres pour enfants. Elle a été professeur à Harvard et à l'Université de Columbia à New York. Elle connaît donc très bien la culture occidentale et la culture africaine et sa vie a été très différente de celle de ses parents.

23 Jeu de rôle: vingt ans plus tard, la mère / le père et leur fille / fils parlent de leurs expériences et de leurs valeurs. Imaginez leur conversation.

24 Imaginez que vous êtes Maryse Condé et que, vingt ans plus tard, vous échangez des lettres avec votre mère dans lesquelles vous vous rappelez des incidents de votre enfance et vos réactions à ces incidents. Vous travaillerez avec un partenaire: l'un d'entre vous écrira la lettre de Maryse et l'autre écrira la réponse de sa mère.

112

Texte entier de «Portrait de famille»

*Some small cuts have been made, with permission, to Maryse Condé's original
text. These are indicated thus: (…).*

Si quelqu'un avait demandé à mes parents leur opinion sur la Deuxième Guerre
mondiale, ils auraient répondu sans hésiter que c'était la période la plus sombre
qu'ils aient jamais connue. Non pas à cause de la France coupée en deux, des
camps de Drancy ou d'Auschwitz, de l'extermination de six millions de Juifs,
ni de tous ces crimes contre l'humanité qui n'ont pas fini d'être payés, mais
parce que pendant sept interminables années, ils avaient été privés de ce qui
comptait le plus pour eux: leurs voyages en France. Comme mon père était un
ancien fonctionnaire et ma mère en exercice, ils bénéficiaient régulièrement
d'un congé «en métropole» avec leurs enfants. Pour eux, la France n'était
nullement le siège du pouvoir colonial. C'était véritablement la mère patrie et
Paris, la Ville Lumière qui seule donnait de l'éclat à leur existence. Ma mère
nous chargeait la tête de descriptions des merveilles du carreau du Temple et
du marché Saint-Pierre avec, en prime, la Sainte-Chapelle et Versailles. (…)
Aussi, dès le mitan de l'année 1946, ils reprirent avec délices le paquebot qui
devait les mener au port du Havre, première escale sur le chemin du retour au
pays d'adoption.

J'étais la petite dernière. Un des récits mythiques de la famille concernait
ma naissance. Mon père portait droit ses soixante-trois ans. Ma mère venait
de fêter ses quarante-trois ans. Quand elle ne vit plus son sang, elle crut aux
premiers signes de la ménopause et elle courut trouver son gynécologue, le
docteur Mélas qui l'avait accouchée sept fois. Après l'avoir examinée, il partit
d'un éclat de rire.

– Ça m'a fait tellement honte, racontait ma mère à ses amies, que pendant
les premiers mois de ma grossesse, c'était comme si j'étais une fille-mère.
J'essayais de cacher mon ventre devant moi (…)

Aujourd'hui, je me représente le spectacle peu courant que nous offrions,
assis aux terrasses du Quartier Latin dans le Paris morose de l'après-guerre.
Mon père ancien séducteur au maintien avantageux, ma mère couverte de
somptueux bijoux créoles, leurs huit enfants, mes sœurs yeux baissés, parées
comme des châsses, mes frères adolescents, l'un d'eux déjà à sa première

Story

année de médecine, et moi, bambine outrageusement gâtée, l'esprit précoce pour son âge. Leurs plateaux en équilibre sur la hanche, les garçons de café voletaient autour de nous remplis d'admiration comme autant de mouches à miel. Ils lâchaient invariablement en servant les diabolos menthe:

– Qu'est-ce que vous parlez bien le français!

Mes parents recevaient le compliment sans broncher ni sourire et se bornaient à hocher du chef. Une fois que les garçons avaient tourné le dos, ils nous prenaient à témoin:

– Pourtant, nous sommes aussi français qu'eux, soupirait mon père.

– Plus français, renchérissait ma mère avec violence (…) Nous sommes plus instruits. Nous avons de meilleures manières. Nous lisons davantage (…) Il y avait dans cet échange un pathétique qui, toute petite que j'étais, me navrait. C'est d'une grave injustice qu'ils se plaignaient. Sans raison, les rôles s'inversaient. Les ramasseurs de pourboires en gilet noir et tablier blanc se hissaient au-dessus de leurs généreux clients. Ils possédaient tout naturellement cette identité française qui, malgré leur bonne mine, était niée, refusée à mes parents. Et moi, je ne comprenais pas en vertu de quoi ces gens orgueilleux, contents d'eux-mêmes, notables dans leur pays, rivalisaient avec les garçons qui les servaient.

Un jour, je décidai d'en avoir le cœur net. Comme chaque fois que j'étais dans l'embarras, je me tournai vers mon frère Alexandre qui s'était lui-même rebaptisé Sandrino «pour faire plus américain» (…) Est-ce qu'il y comprenait quelque chose au comportement de nos parents? Pourquoi enviaient-ils si fort des gens qui de leur propre aveu ne leur arrivaient pas à la cheville?

Nous habitions un appartement au rez-de-chaussée dans une rue tranquille du septième arrondissement. Ce n'était pas comme à La Pointe où nous étions vissés, cadenassés à la maison. Nos parents nous autorisaient à sortir autant que nous le voulions et même à fréquenter les autres enfants. En ce temps-là, cette liberté m'étonnait. Je compris plus tard qu'en France, nos parents n'avaient pas peur que nous nous mettions à parler le créole ou que nous prenions goût au gwoka comme les petits-nègres de La Pointe... (…)

Pour me répondre, Sandrino s'adossa contre une porte cochère. Sa figure joviale, encore marquée par les joues rondes de l'enfance, se recouvrit d'un masque sombre. Sa voix s'alourdit:

– T'occupe pas, laissa-t-il tomber. Papa et maman sont une paire d'aliénés.

Aliénés? Qu'est-ce que cela voulait dire? Je n'osai pas poser de questions. Cela n'était pas la première fois que j'entendis Sandrino faire des jeux avec mes parents. Ma mère avait accroché au-dessus de son lit une photo découpée dans

Ebony. On y admirait une famille noire américaine de huit enfants comme la nôtre. Tous médecins, avocats, ingénieurs, architectes. Bref, la gloire de leur parents. (...)

En même temps, j'avais trop de foi dans mon frère pour douter de son jugement. A sa mine, au ton de sa voix, je sentais qu'»aliénés», cette parole mystérieuse, désignait une qualité d'affection honteuse comme la blennorragie, peut-être même mortelle comme la fièvre typhoïde qui l'année passée avait emporté des quantités de gens à La Pointe. A minuit, à force de coller tous les indices entre eux, je finis par bâtir un semblant de théorie. Une personne aliénée est une personne qui cherche à être ce qu'elle ne peut pas être parce qu'elle n'aime pas ce qu'elle est. A deux heures du matin, au moment de prendre sommeil, je me fis le serment confus de ne jamais devenir une aliénée.

En conséquence, je me réveillai une tout autre petite fille. D'enfant modèle, je devins répliqueuse et raisonneuse. Comme je ne savais pas bien ce que je visais, il me suffisait de questionner tout ce que mes parents proposaient. Une soirée à l'Opéra pour écouter les trompettes d'Aïda (…) Une visite à l'Orangerie pour admirer Les Nymphéas. Ou tout simplement une robe, une paire de chaussures, des nœuds pour mes cheveux (…)

Depuis, j'ai eu tout le temps de comprendre le sens du mot «aliéné» et surtout de me demander si Sandrino avait raison. Mes parents étaient-ils des aliénés? Sûr et certain, ils n'éprouvaient aucun orgueil de leur héritage africain. Ils l'ignoraient. C'est un fait! Au cours de ces séjours en France, mon père ne prit jamais le chemin de la rue des Écoles où la revue Présence africaine sortait du cerveau d'Alioune Diop. Comme ma mère, il était convaincu que seule, la culture occidentale vaut la peine d'exister et il se montrait reconnaissant envers la France qui leur avait permis de l'obtenir. En même temps, ni l'un ni l'autre n'éprouvaient le moindre sentiment d'infériorité à cause de leur couleur. Ils se croyaient les plus brillants, les plus intelligents, la preuve par neuf de l'avancement de leur Race de Grands-Nègres.

Est-ce cela être «aliéné»?

Story

Vincento

Gabrielle Roy

Teacher's notes

Structures	Language context
subjunctive after *vouloir / aimer que; il faut que; il vaut mieux que*	imposing one's will on others
après avoir, après être, après s'être + past participle	recounting a sequence of events

This is the longest and linguistically perhaps the most demanding of the stories included in this book, both in terms of vocabulary and of structure. The story is set in Manitoba, Canada, during the 1930s, where the author, Gabrielle Roy, worked as a teacher. Many of the children she taught were from immigrant families newly arrived in Canada, so that many must have been like Vincento, facing the fears of starting school together with the strangeness of a new country and a foreign language.

Gabrielle Roy was born in Saint-Boniface, Manitoba, in 1909. She studied at the Académie Saint-Joseph and the Winnipeg Normal Institute and then taught for eight years before travelling in Europe where she wrote her first stories. Her first novel *Bonheur d'occasion* won the *Prix Femina* in 1947. She continued writing novels and short stories until her death in 1983 and *Vincento* is the first in her collection of short stories entitled *Ces enfants de ma vie*, published in 1977. Gabrielle Roy was one of the leading figures in 20th century *québécois* literature.

Where *québécois* expressions are used in the story they are identified as such and explained in the vocabulary sections.

We can all recall our own first day or early days at school, and we hope that this story will evoke memories in the students that will inspire them to talk about their own experiences.

In the course of working on this story, students will:

•   be encouraged to talk about their own first experiences of school

•   work on general and detailed comprehension

•   pay particular attention to language expressing childhood experiences

•   look at how the language used in the story reveals relationships between the adults and children

•   use their imagination to predict how the story will unfold

•   suggest an ending to the story.

Suggested lesson plan and answers

Before beginning the reading of the text, ask the students to spend a few moments talking in French about their own memories of *la rentrée des classes*. This can be done in pairs, small groups or as a class.

La rentrée des classes est le thème de cette histoire. Quand vous pensez à votre première rentrée ou vos premières rentrées scolaires, quels souvenirs en avez-vous?

Exercice 1

Students now read the beginning of the story.

Certains de ces petits élèves doivent faire face non seulement à la peur mais aussi à un autre problème en arrivant à l'école. Lequel?

On leur parlait une langue étrangère / qu'ils ne comprenaient pas

Exercice 2

À votre avis, qui est cette femme?

une autre institutrice / la directrice / la mère d'un des élèves / la mère du garçon / la nourrice du garçon

Exercice 3

Pourquoi le petit garçon pleure-t-il?

il ne veut pas être à l'école / il a peur de la femme / il a peur d'être puni / il a le trac / il ne veut pas que sa maman le laisse tout seul / il veut retourner jouer à la maison avec sa maman / il n'a pas envie de se retrouver dans un milieu qu'il ne connaît pas / il a peur de ne pas s'entendre avec les autres enfants / il a vu d'autres enfants pleurer en arrivant à l'école

Exercice 4

This vocabulary exercise, like other similar ones throughout, is designed to get the students into the habit of reading quickly. In order to keep up the pace of reading, encourage them to use the context to make intelligent guesses. This should become easier as they read through the story.

mot-clé	définition
parvenir à	arriver à
sur le seuil	à la porte
traîner	faire avancer en tirant
hurler	pousser des cris prolongés et violents
s'arc-bouter	prendre appui sur une partie du corps pour exercer un effort de résistance; résister de toutes ses forces
freiner	ralentir
empoigner	saisir
secousse	mouvement brusque
faire taire	faire arrêter de crier / parler
dompter	maîtriser
arracher	enlever de force à quelqu'un
apprivoiser	rendre plus sociable

Exercice 5

Quel est le pays d'origine de la famille de Roger?

la Belgique flamande

Exercice 6

Pensez à votre premier jour à l'école. D'après vous, quelle image a gardé l'institutrice de vous et votre mère / père? Écrivez une description courte en utilisant le participe présent, comme dans l'histoire.

You should remind the students here of the use of *celui-là, il* and *celle-là, elle* in this context. An English equivalent might be:

Here's one who's going to...; this is a kid who's going to…

Make clear to your students that these are idiomatic expressions.

Other possible ways of presenting the teacher's view of you would be:

Je parie qu'il va…

J'ai l'impression qu'elle va…

Je suis sûr(e) qu'elle va…

Il va sans doute…

Exercice 7

Relisez le texte depuis le début et relevez dix mots ou expressions qui expriment la souffrance des enfants.

This vocabulary exercise is worth doing first of all without a dictionary, to encourage students to guess at the meaning of words in context before looking them up. If the students are not confident about making such guesses, choose a couple of words from the text (e.g. *reniflements, sangloter*) and get them to work firstly as a whole class to make intelligent guesses about what the word might mean in the given context.

les cris d'enfants; reniflements; geindre à petits cris rentrés; la morne plainte; sangloter; désolation; un lieu de larmes; chigner; un ennui qui n'avait de cesse d'un bout à l'autre de la vie; peine; pleurèrent

Note

In this section of the text, the teacher talks about *l'inscription*. We can only assume that at that time, when things were much less formal than they are today, and in neighbourhoods in Manitoba with a lot of new immigrants, children probably did just show up on the first day of school without all of the formal paperwork having been completed in advance.

Exercice 8

En relisant le texte rapidement, choisissez, parmi les adjectifs de la liste ci-dessous, ceux qui correspondent à chacune des mères – vous pouvez aussi trouver vos propres adjectifs pour les décrire. Identifiez l'attitude de chacune des mères envers son enfant et écrivez une phrase pour la décrire. Vous pouvez utiliser une expression telle que *elle semble / elle a l'air / elle paraît* pour commencer.

To do this exercise, the students will have to skim through the text again, and match some of the adjectives to each of the mothers. They may find other appropriate adjectives as well.

a   La mère de Roger a l'air plutôt dure, autoritaire, énergique, brutale, mais aussi rieuse.

b   La mère de Georges semble très froide et peu sensible.

c   La mère d'Arthur est vraiment sympathique, encourageante, affectueuse et fière de son fils.

d   La mère de Renald paraît trop dure et très peu sensible.

Exercice 9

Le vocabulaire de la colonne de gauche sert à décrire dans le texte le désarroi des enfants. Trouvez dans la colonne de droite l'équivalent anglais de chaque mot ou expression.

Both this exercise and exercise 10 follow up the vocabulary work done in exercise 7. Depending on how long you want to spend on this activity, you may choose to get the students to do this exercise or Exercise 10. There are many words that the students might have found in exercise 7. If you would like them to access the words quickly, use this exercise where they have to match up the words to their English equivalents.

If you prefer them to do some dictionary work, use exercise 10 and ask them to use a bilingual or monolingual dictionary to look up the words. You might like to ask them to guess at the meanings of some or all of the words before doing so.

These are all words that relate to the children's distress.

mot / expression tiré(e) du texte	traduction en anglais
le désarroi	distress
hurler	to howl
une peur bleue	terror
le reniflement	sniffing
geindre	to whimper; to whine
à petits cris rentrés	with little stifled cries
la morne plainte	doleful moaning
sangloter	to sob
un ennui qui n'avait de cesse d'un bout à l'autre de la vie	pain which would last forever
la peine	heartache; sorrow; distress
pleurer	to cry

Exercice 10

En utilisant un dictionnaire monolingue ou un dictionnaire bilingue, cherchez une expression ou un mot anglais qui correspond aux expressions suivantes.

Answers in exercise 9 above.

Exercice 11

Quand l'institutrice écrit «Je commençais à respirer», elle veut dire qu'elle est un peu plus rassurée, qu'elle commence à espérer que tout va bien aller. Indiquez sur le graphique l'effet positif ou négatif qu'a sur la classe l'arrivée de chaque enfant.

You may want to ask the students to work in pairs or small groups to do this exercise, so that they discuss their thoughts in French. Since this is a matter of personal judgement, there are no 'correct' answers. However, the only child to score positively would probably be Arthur.

Exercice 12

À votre avis, qu'a fait ensuite l'institutrice pour empêcher Vincento de s'enfuir?

elle l'a pris par la main et l'a conduit à son pupitre / elle a fermé la porte à clé / elle a tenu fermement la poignée de la porte pour l'empêcher de l'atteindre / d'un bras protecteur, elle l'a mené vers les autres enfants pour le présenter

Exercice 13

This exercise is based on the last two sections of the text, which are quite long. Students should read through them at least once before doing this exercise.

Mots croisés. Tous les mots dont vous avez besoin sont dans les deux dernières sections du texte que vous venez de lire. Attention: il y a un verbe réfléchi et deux expressions de trois mots chacune.

This exercise is simply a way of helping students access the vocabulary quickly, thus facilitating speed of reading. It introduces them to the remaining vocabulary related to 'suffering', without giving away the answers to the following exercises.

¹S	E	C	O	M	²P	O	R	T	E	R

Crossword grid:

- 1 across: SECOMPORTER
- 2 down: PLEUNCHEUS
- 3 across: DESESPERE
- 4 down: VENIR
- 5 across: SECOURS
- 6 down: LEVRE
- 7 across: POIGNEE
- 8 down: DOULUR
- 9 down: SORT
- 10 across: FRAYEUR
- 11 across: FREMIR
- 12 across: INONDEDELARMES
- 13 down: HOQUET
- 14 across: SOUPIRS

Exercice 14

La lutte entre Vincento, son père et l'institutrice est évoquée de façon très vive par l'auteur. Relevez six verbes qui évoquent cette lutte physique et traduisez-les en anglais.

You may like to encourage the students to read the passage with the help of the vocabulary and attempt exercises 14, 15 and 16 without your intervention.

Urge the students not to get 'bogged down' in their reading and to make sure that they skim the whole passage once for gist before they attempt a more detailed reading.

Verbs of struggle:

s'accrocher à	to cling on to
s'agripper à	to clutch at
se cramponner à	to hold on tightly; cling on to
se défendre	to defend oneself
desserrer	to prise free; to work loose
détacher	to pull free
échapper	to escape
envoyer des coups de pied	to kick
foncer	to charge at
retenir	to hold back

Exercice 15

La réaction du père est ambiguë. Relevez six phrases qui communiquent cette ambiguïté et traduisez-les en anglais.

Father's ambivalent attitude:

presque aussi bouleversé, le père s'efforçait de rassurer le petit garcon	almost as overwhelmed as he was, the father was trying to reassure the little boy
par ses caresses… il n'aboutissait qu'à entretenir chez l'enfant l'espoir qu'il le ferait fléchir	by his caresses… he only succeeded in encouraging the child to hope that he would make him give in
le père se mit à plaider avec moi – ne valait-il pas mieux pour cette fois le ramener à la maison?	the father began to plead with me – wouldn't it be better, just this once, to take him home?
le père abaissa tristement les yeux, obligé de me donner raison	the father lowered his eyes sadly, knowing that I was right
il s'efforça de m'aider un peu	he tried to give me a bit of help
le père ne s'en allait toujours pas	the father still wouldn't go away
à son visage anxieux, on eût dit qu'il ne savait pas ce qu'il souhaitait	looking at his anxious face, you would have thought that he didn't know what he wanted

Exercice 16

L'auteur communique la défaite de Vincento de façon pathétique. Relevez six phrases qui évoquent cette défaite touchante et traduisez-les en anglais.

The defeat of Vincento

il poussa un terrible soupir	he heaved a dreadful sigh
son courage l'abandonna	his courage abandoned him
il rendit les armes	he surrendered
il ne fut plus qu'une petite créature brisée, sans soutien ni ami dans un monde étranger	he was just a little broken creature, with neither support nor friend in an alien world
il courut se blottir par terre dans un coin, la tête enfouie dans les mains, enroulé sur lui-même et gémissant comme un petit chien perdu	he ran and huddled up on the floor in a corner, his head buried in his hands, curled up on himself and whimpering like a little lost puppy
Vincento exhalait sa plainte	Vincento was moaning deeply

Exercice 17

Si vous étiez à la place de l'institutrice, que feriez-vous maintenant?

Students can discuss this in small groups or as a class. It might be necessary to revise the conditional first.

Je poursuivrais la leçon sans faire attention à lui, pour lui donner le temps de se calmer et de se faire à son nouvel environnement.

Je chanterais une chanson avec les autres enfants, en espérant qu'il finirait par se joindre à nous.

J'irais le réconforter.

Je le prendrais par la main pour le guider vers son pupitre et le familiariser avec sa classe.

Exercice 18

Faites vous-même le dessin que les enfants ont fait au tableau.

Again, working in pairs or groups, the students can try to recreate the drawing described. You might then want to take the description step by step and produce your own version with them once they have made their own attempt.

Drawings should show a series of squares for houses with holes in them for the windows and doors, the bigger square at the top for the school, made of every single drawn house put together end-to-end and on top of each other, the path leading from the school to the houses at the bottom and the stick figure with the insect eyes at the side of his head and the other little stick figures. Names should be written in the bubble above each head. Don't forget that Roger's head and hat form one huge *boule*.

The fact that the teacher represented the school as a group of the children's houses made a reassuring link for them between the world of home and school. It seems significant that it was this activity that restored order in the classroom.

Exercice 19

Que devient Vincento pendant ce temps, à votre avis?

This gives students the chance to speculate, orally or in writing.

You may find it useful to give them some of the following phrases if they are not already familiar with them:

- À mon avis ...
- Je crois / pense que ...
- J'ai l'impression que ...

etc.

À mon avis, Vincento finit par oublier de pleurer en entendant rire Roger.

J'ai l'impression qu'il se sent tout à coup exclu.

Je pense qu'il observe discrètement les autres enfants.

Je crois qu'il décide de venir au tableau pour dessiner lui aussi sa maison et son petit bonhomme.

Exercice 20

À votre avis, que va faire Vincento?

Once again, the students have a chance to speculate.

Exercice 21

Imaginez la fin de l'histoire.

This task lends itself to a short piece of written work.

Exercice 22

Pourquoi, à votre avis, l'hostilité de Vincento envers son institutrice s'est-elle transformée en adoration? Est-il possible d'expliquer ce changement?

The students are being asked here to imagine what has been going on in the little boy's mind to make him change his attitude so completely from hostility to adoration.

Students should be encouraged to speculate about Vincento's change of heart here. Does he feel sorry for attacking the teacher? Has he talked again with his father at lunchtime? Does he want to be involved in the activities the others are doing? Has he realised that without his father there, he is going to need someone to bond with at school and has chosen the teacher? (Perhaps he doesn't have a mother and has latched onto the teacher as a mother-figure.) The language of speculation will be needed here.

e.g.

- Il est possible que ... (+ subjunctive)
- Il se peut que ... (+ subjunctive)
- Peut-être que ...
- Il est probable que... (+ subjunctive)
- Sans doute que...

Possible explanations might be:

Il est possible qu'il regrette d'avoir fait mal à la maîtresse.

Peut-être qu'il a l'impression de s'être vengé et qu'il s'estime quitte envers elle.

Il est probable qu'il veuille participer aux jeux / activités des autres en classe.

A child of that age would of course not be able to explain his motivation. We can only speculate.

Exercice 23

Complétez les phrases suivantes de la même manière, en mettant le verbe entre parenthèses au subjonctif.

a) aidiez; b) partiez, donniez; c) soit; d) prenne; e) laissiez, reveniez; f) sois, obéisses; g) prennes, dessines; h) puissent; i) viennes; j) aient; k) s'arrête

Exercice 24

a   Après être entrée dans la salle de classe, Mme Verhaegen m'a présenté son fils.

b   Après m'avoir donné les détails nécessaires, la mère de Georges est partie tout de suite.

c   Après avoir entendu les cris des autres enfants, Roger a tout de suite recommencé à sangloter.

d   Après avoir accueilli tous les enfants, j'ai commencé l'inscription.

e   Après être arrivé, Arthur s'est tout de suite installé à sa place.

f   Après avoir vu le bonheur d'Arthur, les autres élèves ont essuyé leurs larmes.

g   Après s'être assis à son pupitre, Arthur a étalé ses livres.

h   Après avoir retenu Vincento avec difficulté, j'ai fermé la porte à clef.

i   Après m'être battue avec Vincento, j'ai enfin gagné!

j   Après avoir dessiné des maisons au tableau, nous sommes allés déjeuner.

Role plays

The following role plays (Exercises 25 and 26) are provided to give more scope for imagination and oral practice once the story is thoroughly familiar. You might like to exploit these activities to encourage asking questions, since up until now students have been exclusively involved in gathering information and speculating.

Exercice 25

In this role play, students play the parts of Arthur and his mother and they are talking about the events of Arthur's first day at school.

Le soir de la première journée à l'école, Arthur parle à sa mère de ses expériences.

Travaillez avec un partenaire: l'un de vous jouera le rôle d'Arthur et l'autre, le rôle de sa mère. Vous pourriez peut-être commencer ainsi:

Maman: Alors mon petit Arthur, ça c'est bien passé cette première journée?

Arthur: Oui maman, mais, tu sais, il y avait un drôle de petit garçon qui s'appelle Vincento...

Exercice 26

In this role play, the teacher and Vincento's father are talking a few days later. They are discussing his progress at school and his family background.

Travaillez avec un partenaire: l'un de vous jouera le rôle de l'institutrice et l'autre, le rôle du père. Vous pourriez peut-être commencer ainsi:

Le père: J'ai l'impression que Vincento est très content maintenant à l'école.

L'institutrice: Ah oui, il participe très bien. Il adore le dessin.

Le père: Ça ne m'étonne pas. Sa mère était artiste...

Vincento – vocabulaire

l'institutrice (f)	(female) primary school teacher
l'allure (f)	speed
flamand	Flemish (the language spoken in Belgium, very similar to Dutch)
la secousse	jolt
dompter	to tame
apprivoiser	to win over
le pupitre	desk
le reniflement	sniffle
donner du fil à retordre	to give (someone) a hard time
l'inscription (f)	enrolment
chigner (québécois)	to whine; to whimper
sautiller	to skip around
étaler	to spread out
l'émoi (m)	excitement
accabler quelqu'un de	to overburden someone with
se moucher	to blow one's nose
le mouchoir	handkerchief
accrocher	to hang
souffreteux	sickly
se cramponner	to cling to
supplier	to beg; to entreat
câliner	to cuddle
bercer	to rock
la casa (italien)	house
la frayeur	fear
fléchir	to relent; to weaken; to waver
le hoquet	hiccup
traiter quelqu'un de...	to call someone (a name)
le vaurien	little devil
se ruer	to rush
la poignée	door handle
filer	to run off; to get away
houleux	stormy; turbulent
foncer sur quelqu'un	to charge at someone
accuser le choc (idiomatique, familier)	to show (involuntarily) a physical reaction to
le sort	fate

se rendre à	to give in to; to yield to
se blottir	to huddle up
le pleurnicheur	sniveller
le soupir	sigh
la craie	chalk
esquisser	to sketch
se prendre à	to start
le bâton	vertical stroke
le gémissement	moaning
les yeux de braise	blazing eyes
le cil	eyelash
soyeux	silky
le ressort	spring
atteindre	to strike; to hit
ravi	delighted
accroupi	squatting; crouching
faire front à quelqu'un	to stand up to someone
la rancune	resentment
la mort dans l'âme	begrudgingly; reluctantly
tapi	crouched; hiding; lurking
à découvert	openly
menu	tiny
la cachette	hiding place
bondir	to leap
Vendredi	Friday (character from Daniel Defoe's *Robinson Crusoe* and also from Michel Tournier's *Vendredi ou les limbes du Pacifique*, which was inspired by *Robinson Crusoe*)
enserrer	to encircle
la hanche	hip
la taille	waist
étouffer	to choke; to suffocate
le baiser	kiss
la réglisse	liquorice
barbouillé	smeared
avoir beau	to try in vain
le souffle court	breathless
supplier	to beg
lâcher prise	to let go
déchirant	heart-rending; agonising

Vincento

Gabrielle Roy

⬦⬦

> En repassant, comme il m'arrive souvent ces temps-ci, par mes années de jeune institutrice dans une école de garçons, en ville, je revis, toujours aussi chargé d'émotion, le matin de la rentrée. J'avais la classe des tout-petits. C'était leur premier pas dans un monde inconnu. À la peur qu'ils en avaient tous plus ou moins, s'ajoutait, chez quelques-uns de mes petits immigrants, le désarroi, en y arrivant, de s'entendre parler dans une langue qui leur était étrangère.

le désarroi   détresse; angoisse

1 **Certains de ces petits élèves doivent faire face non seulement à la peur mais aussi à un autre problème en arrivant à l'école. Lequel?**

> Tôt, ce matin-là, me parvinrent des cris d'enfant que les hauts plafonds et les murs résonnants amplifiaient. J'allai sur le seuil de ma classe. Du fond du corridor s'en venait à l'allure d'un navire une forte femme traînant par la main un petit garçon hurlant. Tout minuscule auprès d'elle, il parvenait néanmoins par moments à s'arc-bouter et, en tirant de toutes ses forces, à freiner un peu leur avance. Elle, alors, l'empoignait plus solidement, le soulevait de terre et l'emportait un bon coup encore. Et elle riait de le voir malgré tout si difficile à manœuvrer. Ils arrivèrent à l'entrée de ma classe où je les attendais en m'efforçant d'avoir l'air sereine.

2 **À votre avis, qui est cette femme?**

3 **Pourquoi le petit garçon pleure-t-il?**

La mère, dans un lourd accent flamand, me présenta son fils, Roger Verhaegen, cinq ans et demi, bon petit garçon très doux, très docile, quand il le voulait bien – hein Roger! – cependant que, d'une secousse, elle tâchait de le faire taire. J'avais déjà quelque expérience des mères, des enfants, et me demandai si celle-ci, forte comme elle pouvait en avoir l'air, n'en était pas moins du genre à se décharger sur les autres de son manque d'autorité, ayant sans doute tous les jours menacé: «Attends, toi, d'aller à l'école, pour te faire dompter.»

J'offris une pomme rouge à Roger qui la refusa net, mais me l'arracha une seconde plus tard, comme j'avais le regard ailleurs. Ces petits Flamands d'habitude n'étaient pas longs à apprivoiser, sans doute parce qu'après la peur bleue qu'on leur en avait inspirée, l'école ne pouvait que leur paraître rassurante. Bientôt, en effet, Roger se laissa prendre par la main et conduire à son pupitre, en n'émettant plus que de petits reniflements.

4 Afin de comprendre les éléments les plus importants d'un texte, il faut en saisir les mots-clés.

Dans le tableau ci-dessous, les mots-clés du texte sont dans la colonne de gauche et les définitions sont en désordre dans la colonne de droite. Essayez de trouver la définition qui, dans ce contexte, correspond à chaque mot.

mot-clé	définition
parvenir à	prendre appui sur une partie du corps pour exercer un effort de résistance; résister de toutes ses forces
sur le seuil	rendre plus sociable
traîner	à la porte
hurler	maîtriser
s'arc-bouter	faire arrêter de crier / parler
freiner	ralentir
empoigner	saisir
secousse	faire avancer en tirant
faire taire	mouvement brusque
dompter	arriver à
arracher	pousser des cris prolongés et violents
apprivoiser	enlever de force à quelqu'un

5 Quel est le pays d'origine de la famille de Roger?

6 Pensez à votre premier jour à l'école. D'après vous, quelle image a gardé l'institutrice de vous et votre mère / père? Écrivez une description courte en utilisant le participe présent, comme dans l'histoire.

Par exemple:

- Une forte femme traînant par la main un petit garçon hurlant
- Une femme élégante tenant par la main une petite fille timide

Que se disait l'institutrice en vous voyant?

Par exemple:

- Celle-là, elle va me donner du travail!
- Celui-là, il va pleurer toute la journée!

Students' worksheets

Alors arriva Georges, un petit bonhomme silencieux, sans expression, amené par une mère distante qui me donna les détails nécessaires sur un ton impersonnel et partit sans avoir même souri à son enfant assis à son pupitre. Lui-même ne marqua guère plus d'émotion, et je me dis qu'il me faudrait avoir l'œil sur lui, qu'il pourrait bien être de ceux qui me donneraient le plus de fil à retordre.

Après, je fus entourée tout à coup de plusieurs mères et d'autant d'enfants. L'un d'eux n'arrêtait pas de geindre à petits cris rentrés. La morne plainte atteignit Roger, moins consolé que je ne l'avais cru. Il repartit à sangloter en accompagnement de l'enfant inconnu. D'autres qui avaient été paisibles jusque-là se joignirent à eux. C'est dans cette désolation que je devais procéder à l'inscription. Et d'autres enfants encore arrivaient qui, se découvrant dans un lieu de larmes, se mettaient à chigner.

Alors le ciel certainement me vint en aide, m'envoyant le plus gai petit garçon du monde. Il entra, tout sautillant, courut s'asseoir à un pupitre de son choix et y étala ses cahiers neufs, en riant de connivence avec sa mère qui le regardait faire dans un émoi heureux.

– C'est pas mon petit Arthur qui va vous donner pour deux sous de peine, dit-elle. Depuis le temps qu'il désire venir à l'école!

La bonne humeur de ce petit garçon faisait déjà son œuvre. Autour de lui, des enfants, surpris de le voir si content, s'essuyaient le visage du bout de leur manche et commençaient à regarder la classe d'un autre œil.

Hélas, je perdis du terrain avec l'arrivée de Renald que sa mère poussait dans le dos en l'accablant de préceptes et de recommandations: «Il faut venir à l'école pour s'instruire… Sans instruction on n'arrive à rien dans la vie… Mouche-toi et fais bien attention de ne pas perdre ton mouchoir… Ni tes autres affaires qui nous ont coûté cher…»

Ce petit, il pleurait comme sur un ennui qui n'avait de cesse d'un bout à l'autre de la vie, et ses compagnons, sans rien comprendre à cette peine, pleurèrent avec lui, de sympathie, sauf mon petit Arthur qui s'en vint me tirer par la manche et me dire:

– Ils sont fous, hein!

Un peu plus tard, trente-cinq enfants inscrits et à peu près tranquillisés, je commençais à respirer...

Students' worksheets

| *donner du fil à retordre* | créer des difficultés |
| *l'émoi (m)* | agitation |

7 **Relisez le texte depuis le début et relevez dix mots ou expressions qui expriment la souffrance des enfants.**

8 En relisant le texte rapidement, choisissez, parmi les adjectifs de la liste ci-dessous, ceux qui correspondent à chacune des mères – vous pouvez aussi trouver vos propres adjectifs pour les décrire. Identifiez l'attitude de chacune des mères envers son enfant et écrivez une phrase pour la décrire. Vous pouvez utiliser une expression telle que *elle semble / elle a l'air / elle paraît* pour commencer.

> ✳ sympathique ✳ énergique ✳ hésitante ✳ rieuse ✳ violente
>
> ✳ encourageante ✳ autoritaire ✳ tendre ✳ dure ✳ froide ✳ affectueuse
>
> ✳ irrésolue ✳ sensible ✳ fière ✳ brutale ✳ chaleureuse

Exemples:

- La mère de Paolo a l'air plutôt dure.
- La mère de Benoît paraît très fière.

Si vous voulez, vous pouvez nuancer vos réponses avec l'un des adverbes suivants:

> ✳ trop ✳ très ✳ plutôt ✳ peu ✳ assez ✳ vraiment ✳ extrêmement
> ✳ terriblement

a   La mère de Roger...

b   La mère de Georges...

c   La mère d'Arthur...

d   La mère de Renald...

9 Le vocabulaire de la colonne de gauche sert à décrire dans le texte le désarroi des enfants. Trouvez dans la colonne de droite l'équivalent anglais de chaque mot ou expression.

mot / expression tiré du texte	traduction en anglais
le désarroi	to cry
hurler	sniffing
une peur bleue	pain which would last forever
le reniflement	distress
geindre	to whimper; whine
à petits cris rentrés	to howl
la morne plainte	to sob
sangloter	terror
un ennui qui n'avait de cesse d'un bout à l'autre de la vie	with little stifled cries
la peine	doleful moaning
pleurer	heartache; sorrow; distress

10 En utilisant un dictionnaire monolingue ou un dictionnaire bilingue, cherchez une expression ou un mot anglais qui correspond aux expressions suivantes.

le désarroi	
hurler	
une peur bleue	
le reniflement	
geindre	
à petits cris rentrés	
la morne plainte	
sangloter	
un ennui qui n'avait de cesse d'un bout à l'autre de la vie	
la peine	
pleurer	

Students' worksheets

11 Quand l'institutrice écrit «Je commençais à respirer», elle veut dire qu'elle est un peu plus rassurée, qu'elle commence à espérer que tout va bien aller. Indiquez sur le graphique l'effet positif ou négatif qu'a sur la classe l'arrivée de chaque enfant.

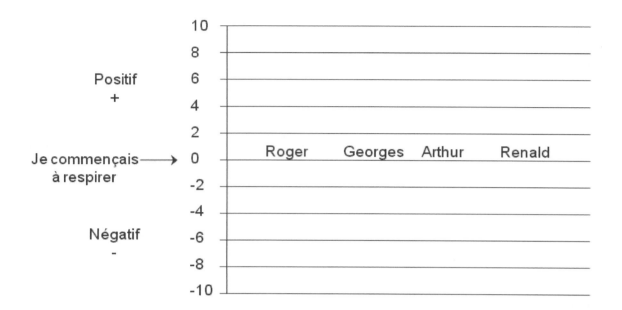

... lorsque, soudain, du corridor, nous parvint un autre cri de douleur.
Ma classe, que j'avais cru gagnée à la confiance, frémit en entier, lèvres
tremblantes, regards fixés sur le seuil. Alors parut un jeune père auquel était
accroché un petit garçon, son image si vivante, aux mêmes yeux sombres et
désolés, à l'air souffreteux, qu'on aurait pu avoir envie de sourire si ces deux-là
n'eussent exprimé, l'un autant que l'autre, la douleur de la séparation.

Le petit, cramponné à son père, levait vers lui un visage inondé de larmes.
Dans leur langue italienne, il le suppliait, à ce qu'il me parut, de ne pas
l'abandonner, par la grâce du ciel de ne pas l'abandonner!

Presque aussi bouleversé, le père s'efforçait de rassurer le petit garçon. Il lui
passait la main dans les cheveux, sur les joues, lui essuyait les yeux, le câlinait,
le berçait de mots tendres maintes et maintes fois répétés qui semblaient
signifier: «Tout ira bien... Tu verras... C'est ici une bonne école… Benito…
Benito…» insistait-il. Mais l'enfant lançait toujours son appel désespéré: «La
casa! La casa!»

J'allai à leur rencontre avec le plus large sourire possible. À mon approche
l'enfant cria de frayeur et se cramponna encore plus fortement à son père à qui
il communiqua son tremblement. Je vis que celui-ci n'allait pas m'être d'un

grand secours. Au contraire, par ses caresses, ses mots doux, il n'aboutissait qu'à entretenir chez l'enfant l'espoir qu'il le ferait fléchir.

Et, de fait, le père se mit à plaider avec moi. Puisque le petit était si malheureux, ne valait-il pas mieux pour cette fois le ramener à la maison, quitte à essayer encore cet après-midi ou le lendemain, alors qu'il aurait eu le temps de bien expliquer à l'enfant ce qu'était l'école.

Je les vis suspendus à ma décision, et pris mon courage à deux mains: «Non, quand il faut couper la branche, rien ne donne d'attendre.»

Le père abaissa tristement les yeux, obligé de me donner raison. Il s'efforça de m'aider un peu. Même à nous deux nous eûmes beaucoup de peine à détacher l'enfant, desserrions-nous une main qu'aussitôt elle nous échappait pour s'agripper de nouveau aux vêtements du père. Le curieux était que tout en s'accrochant à son père, il lui en voulait de s'être mis de mon côté et le traitait à travers ses larmes et ses hoquets de sans-cœur et de vaurien.

Enfin le père fut libre un instant pendant que je retenais le petit garçon de peine et de misère. Je lui fis signe de partir au plus vite. Il franchit le seuil. Je fermai la porte derrière lui. Il la rouvrit d'un doigt pour me désigner le petit du regard en disant:

– C'est Vincento!

Je lui fis comprendre que d'autres détails pouvaient attendre, Vincento ayant presque réussi à m'échapper. Je le rattrapai de justesse et refermai la porte. Il s'y rua tout en se haussant pour atteindre la poignée. Maintenant il ne criait ni ne pleurait, toute son énergie appliquée à se sortir d'ici. Le père ne s'en allait toujours pas, cherchant à voir par le haut vitré de la porte comment se comportait Vincento et si j'avais l'air d'en venir à bout. À son visage anxieux on eût dit qu'il ne savait ce qu'il souhaitait. Et encore une fois le petit fut sur le point de filer sous mes yeux, ayant réussi à faire tourner la poignée. Alors je (...)

la casa (italien)	maison
benito (italien)	ce mot proviendrait d'un dialecte et signifierait *sois sage!*
faire fléchir	faire céder peu à peu

12 **À votre avis, qu'a fait ensuite l'institutrice pour empêcher Vincento de s'enfuir?**

(Alors je) donnai un tour de clé à la porte et mis la clé dans ma poche.

Un silence houleux nous enveloppa qui parut s'étendre jusqu'au père que je n'entendais plus respirer et dont le regard agrandi de surprise guettait nos moindres mouvements.

Pour l'instant, Vincento réfléchissait, ses immenses yeux faisant le tour de la situation. Soudain, avant que j'aie pu le voir venir, il fonça sur moi, m'envoyant à la volée des coups de pied dans les jambes. J'en vis des éclairs, mais n'accusai pas le choc. Alors, un peu honteux peut-être de son fils ou assuré au contraire qu'il saurait se défendre, le père enfin se décida à partir.

Vincento, son sort entre ses seules mains, parut désespérément chercher un plan d'attaque, une stratégie, puis, comme s'il n'y avait vraiment rien devant lui, il poussa un terrible soupir, son courage l'abandonna, il rendit les armes. Il ne fut plus qu'une petite créature brisée, sans soutien ni ami dans un monde étranger. Il courut se blottir par terre dans un coin, la tête enfouie dans ses mains, enroulé sur lui-même et gémissant comme un petit chien perdu.

Du moins ce vrai et profond chagrin fit taire net mes pleurnicheurs. Dans un silence total, Vincento exhalait sa plainte. Certains enfants, en cherchant mon regard, se donnaient une mine scandalisée comme pour me dire: «C'en fait une manière de se conduire.» D'autres, pensifs, considéraient la petite forme écrasée par terre et poussaient aussi des soupirs.

13 **Mots croisés à la page suivante. Tous les mots dont vous avez besoin sont dans les deux dernières sections du texte que vous venez de lire. Attention: il y a un verbe réfléchi et deux expressions de trois mots chacune.**

Students' worksheets

horizontalement

1 to behave (2,9)

3 desperate (9)

5 help (7)

7 door handle (7)

10 terror (7)

11 to shudder (6)

12 awash with tears (6,2,6)

14 sighs (7)

verticalement

2 snivelling children (13)

4 to triumph / to conquer (5,1,4)

6 lips (6)

8 pain (7)

9 fate (4)

11 to soften / to be won over (7)

13 hiccups (6)

14 La lutte entre Vincento, son père et l'institutrice est évoquée de façon très vive par l'auteur. Relevez six verbes qui évoquent cette lutte physique et traduisez-les en anglais.

15 La réaction du père est ambiguë. Relevez six phrases qui communiquent cette ambiguïté et traduisez-les en anglais.

16 L'auteur communique la défaite de Vincento de façon pathétique. Relevez six phrases qui évoquent cette défaite touchante et traduisez-les en anglais.

17 Si vous étiez à la place de l'institutrice, que feriez-vous maintenant?

Il était grand temps de faire diversion. J'ouvris une boîte de craies de couleur et en fis la distribution, invitant les enfants à venir au tableau y dessiner chacun sa maison. Ceux qui d'abord ne saisirent pas le sens de mes paroles, comprirent dès qu'ils eurent vu leurs compagnons en train d'esquisser des carrés munis de trous pour indiquer portes et fenêtres.

Je dressai en haut du tableau un bâtiment qui était ni plus ni moins que les maisons mises bout à bout et les unes au-dessus des autres. Les enfants reconnurent leur école et se prirent à rire dans leur contentement de se situer. Je traçai maintenant un chemin descendant de l'école vers le bas où étaient les maisons. Mon gai petit élève eut le premier l'idée de se représenter sur cette route par un bâton surmonté d'un rond où les yeux étaient placés sur les côtés de la tête comme souvent chez les insectes. Alors tous voulurent être sur cette route. Elle se couvrit de petits bonshommes s'en allant à l'école ou en revenant.

J'écrivis le nom de chacun dans un ballon au-dessus des images. Ma classe en fut enchantée. Quelques-uns se plurent à ajouter à leur personnage quelque détail qui le distinguerait des autres. Roger, qui était arrivé en chapeau de paille de fermier, travailla bien fort à coiffer le bâton qui le représentait. Cela fournit le curieux spectacle d'une énorme boule se mouvant sur de petits bouts de jambe. Roger se prit à rire aussi fort qu'il avait pleuré. Une sorte de bonheur commençait à habiter ma classe.

esquisser	dessiner
se prendre à	commencer à, se mettre à
le bâton	ligne verticale
coiffer	(ici) donner un chapeau à

18 **Faites vous-même le dessin que les enfants ont fait au tableau.**

19 **Que devient Vincento pendant ce temps, à votre avis?**

Je jetai un coup d'œil sur Vincento. Ses gémissements s'espaçaient. Sans se hasarder à découvrir son visage, il tâchait entre ses doigts écartés de suivre ce qui se passait et qui apparemment l'étonnait beaucoup. Surpris à un moment d'entendre rire, il s'oublia à laisser retomber une de ses mains. Dans un fin regard il découvrit que tous sauf lui avaient leur maison et leur nom au tableau. Sur son petit visage gonflé et rougi par les larmes, se peignit, au milieu de la détresse, le désir d'y être lui aussi représenté.

Je m'avançai vers lui, un bâton de craie à la main, me faisant toute conciliante.

– Viens donc, Vincento, dessiner la maison où tu habites avec ton papa et ta maman.

Ses troublants yeux de braise aux longs cils soyeux me regardèrent en face. Je ne savais que penser de leur expression, ni hostile, ni confiante. J'avançai encore d'un pas.

le gémissement	plainte
les yeux (m) de braise	yeux ardents

20 **À votre avis, que va faire Vincento?**

Students' worksheets

Soudain il se souleva et, en équilibre sur un pied, détendit l'autre comme sous la poussée d'un ressort. Il m'atteignit en pleine jambe de la pointe de sa bottine ferrée. Cette fois je ne pus réprimer une grimace. Vincento en eut l'air ravi. Quoique le dos au mur et accroupi, il me faisait front, me donnant à entendre que de lui à moi ce ne pouvait être qu'œil pour œil, dent pour dent. Peut-être était-ce l'affaire de la clé qu'il avait tellement sur le cœur. Plus qu'une peine d'âme, la rancune semblait maintenant le tenir.

Après le déjeuner, je revins à l'école, la mort dans l'âme. Tout va être à recommencer, me disais-je. Ils vont revenir en larmes, le père, l'enfant. Je vais avoir à les séparer encore une fois, chasser l'un, combattre l'autre. Ma vie d'institutrice m'apparaissait sous un jour accablant. Je me hâtais pourtant, histoire de m'armer en prévision de la lutte à venir.

J'arrivai à un angle de l'école. Il y avait là, à quelques pieds du sol, une fenêtre à embrasure profonde. J'y distinguai…

atteignit	passé simple du verbe *atteindre*
atteindre	frapper, toucher
la bottine ferrée	chaussure garnie de fer
la rancune	souvenir tenace que l'on garde d'une offense
la mort dans l'âme	à contrecœur; contre son gré et avec souffrance

21 Imaginez la fin de l'histoire.

(J'y distinguai)... une toute petite forme tapie dans l'ombre. Dieu du ciel, serait-ce mon petit desperado venu m'attaquer à découvert?

La forme menue risqua la tête hors de sa cachette. C'était bien Vincento. Ses yeux brillants m'enveloppèrent dans un regard d'une intensité passionnée. Qu'est-ce qu'il rumine? Je n'eus pas le temps de penser plus loin. Il avait bondi. Il était à mes pieds comme Vendredi à ceux de son maître. Ensuite – et aujourd'hui encore me paraît-il impossible ce qu'il accomplit – il grimpa à moi comme un chat à un arbre, s'aidant à petits coups de genoux qui m'enserrèrent les hanches, puis la taille. Parvenu au cou, il me serra à m'étouffer. Et il se mit à me couvrir de gros baisers mouillés qui goûtaient l'ail, le ravioli, la réglisse. J'en eus les joues barbouillées. J'avais beau, le souffle court, le supplier: «Allons, c'est assez, Vincento...», il me serrait avec une force incroyable chez un si petit être. Et il me déversait dans l'oreille un flot de mots en langue italienne qui me semblaient de tendresse.

Pour arriver à lui faire lâcher prise, je dus l'amener au calme, peu à peu, avec de petites tapes amicales dans le dos, le serrant à mon tour et lui parlant sur un ton affectueux dans une langue qu'il ne connaissait pas plus que je ne connaissais la sienne, j'eus à le rassurer de la peur déchirante qu'il semblait à présent avoir de me perdre.

Enfin il se laissa déposer sur le sol. Il tremblait de cet anxieux grand bonheur qui s'était abattu sur lui, bien petit encore pour en supporter l'intensité. Il me prit la main et me tira vers ma classe plus vite que je n'y avais jamais été de moi-même.

Il me conduisit de force à mon pupitre, en choisit un pour lui au plus près, s'y assit, les coudes sur la tablette, le visage entre les mains. Et, faute de savoir me dire son sentiment, il s'abîma, comme on dit, à me manger des yeux.

Pourtant... ensuite... passée cette journée de violence... je ne me rappelle plus grand-chose de mon petit Vincento... tout le reste fondu dans une égale douceur.

menu	petit et mince
la cachette	endroit retiré où l'on se cache
barbouillé	couvert
avoir beau faire quelque chose	essayer en vain de faire quelque chose
supplier	prier
lâcher prise	cesser de tenir

22 **Pourquoi, à votre avis, l'hostilité de Vincento envers son institutrice s'est-elle transformée en adoration? Est-il possible d'expliquer ce changement?**

Pratique de la grammaire

Le conte *Vincento* met en lumière deux sortes de conflits. Les enfants s'opposent à leurs parents en refusant d'aller à l'école tandis que leurs parents les poussent à y aller (même si certains parents, comme le pauvre père de Vincento, ne savent pas vraiment ce qu'ils veulent!). De cette opposition découle un autre conflit entre les enfants et leur maîtresse, qui doit bien entendu les faire rester à l'école et les faire travailler malgré leur résistance. Il s'agit donc d'une situation que nous connaissons tous très bien, où les uns doivent imposer leur volonté aux autres.

L'emploi du subjonctif pour imposer une volonté, un souhait ou une nécessité

En français, on emploie le subjonctif après certains verbes ou certaines expressions impersonnelles tels que *je veux que*, *j'aimerais que*, *il faut que* et *il vaut mieux que* pour exprimer un désir ou recommander vivement quelque chose.

Les trois phrases ci-dessous auraient pu être prononcées par les personnages de l'histoire pour exprimer leurs désirs ou leurs recommandations:

- Vincento: «Papa, je ne veux pas que tu me **quittes**.»

- Le père de Vincento: Il vaut mieux qu'on **revienne** cet après-midi.

- L'institutrice: Il ne faut pas que vous le **rameniez** à la maison.

23 Complétez les phrases suivantes de la même manière, en mettant le verbe entre parenthèses au subjonctif.

a   Il faut que vous m' _____ (aider) à le persuader.

b   Il vaut mieux que vous _____ (partir) tout de suite et que vous me _____ (donner) ses coordonnées plus tard.

c   Je ne veux pas que Vincento _____ (être) triste.

d   Vincento ne veut pas qu'elle _____ (prendre) la clé.

e   Il vaut mieux que vous _____ (laisser) votre fils s'habituer à sa nouvelle école et que vous _____ (revenir) à l'heure de la sortie.

f   Il faut que tu _____ (être) sage et que tu _____ (obéir) à la maîtresse.

g   J'aimerais que tu _____ (prendre) la craie et que tu _____ (dessiner) ta maison.

h   Il faut que tous les enfants _____ (pouvoir) participer aux activités.

i   Je veux que tu _____ (venir) au tableau.

j   J'aimerais que tous les enfants _____ (avoir) envie de revenir.

k   Nous voulons qu'il _____ (s'arrêter) de pleurer.

Raconter une suite d'événements

Pour raconter une suite d'événements, on emploie souvent les constructions suivantes:

après avoir + participe passé

Par exemple:

* J'ai dit bonjour à Roger et puis je lui ai donné une pomme.
* *Après avoir dit* bonjour à Roger, je lui ai donné une pomme.

après être + participe passé

Par exemple:

* Le père de Vincento est parti et il est allé prendre un café.
* *Après être parti*, le père de Vincento est allé prendre un café.

après s'être + participe passé

Par exemple:

* Roger s'est installé à son pupitre et il a enfin cessé de pleurer.
* *Après s'être installé* à son pupitre, Roger a enfin cessé de pleurer.

24 **Imaginez que vous êtes l'institutrice qui raconte cette journée à son mari en rentrant le soir. Adaptez les phrases suivantes selon les exemples ci-dessus:**

a   Mme Verhaegen est entrée dans la salle de classe et ensuite elle m'a présenté son fils.

b   La mère de Georges m'a donné les détails nécessaires et puis elle est partie tout de suite.

c   Roger a entendu les cris des autres enfants et il a tout de suite recommencé à sangloter.

d   J'ai accueilli tous les enfants et puis j'ai commencé l'inscription.

e   Arthur est arrivé et il s'est tout de suite installé à sa place.

f   Les autres élèves ont vu le bonheur d'Arthur et ils ont essuyé leurs larmes.

g   Arthur s'est assis à son pupitre et il a étalé ses livres.

h   J'ai retenu Vincento avec difficulté et j'ai fermé la porte à clef.

i   Je me suis battue avec Vincento, mais j'ai enfin gagné!

j   Nous avons dessiné des maisons au tableau et puis nous sommes allés déjeuner.

25 **Le soir de la première journée à l'école, Arthur parle à sa mère de ses expériences. Travaillez avec un partenaire: l'un de vous jouera le rôle d'Arthur et l'autre, le rôle de sa mère. Vous pourriez peut-être commencer ainsi:**

Maman: Alors mon petit Arthur, ça c'est bien passé cette première journée?

Arthur: Oui maman, mais, tu sais, il y avait un drôle de petit garçon qui s'appelle Vincento...

Students' worksheets

26 **Quelques jours plus tard, l'institutrice et le père de Vincento parlent du petit garçon, de ses progrès à l'école et de sa famille. Travaillez avec un partenaire: l'un de vous jouera le rôle de l'institutrice et l'autre, le rôle du père. Vous pourriez peut-être commencer ainsi:**

Le père: J'ai l'impression que Vincento est très content maintenant à l'école.

L'institutrice: Ah oui, il participe très bien. Il adore le dessin.

Le père: Ça ne m'étonne pas. Sa mère était artiste....

© Advance Materials 2010 *Lire, imaginer, composer*

Texte entier de «Vincento»

Some small cuts have been made, with permission, to Gabrielle Roy's original text. These are indicated thus: (…).

En repassant, comme il m'arrive souvent ces temps-ci, par mes années de jeune institutrice dans une école de garçons, en ville, je revis, toujours aussi chargé d'émotion, le matin de la rentrée. J'avais la classe des tout-petits. C'était leur premier pas dans un monde inconnu. À la peur qu'ils en avaient tous plus ou moins, s'ajoutait, chez quelques-uns de mes petits immigrants, le désarroi, en y arrivant, de s'entendre parler dans une langue qui leur était étrangère.

Tôt, ce matin-là, me parvinrent des cris d'enfant que les hauts plafonds et les murs résonnants amplifiaient. J'allai sur le seuil de ma classe. Du fond du corridor s'en venait à l'allure d'un navire une forte femme traînant par la main un petit garçon hurlant. Tout minuscule auprès d'elle, il parvenait néanmoins par moments à s'arc-bouter et, en tirant de toutes ses forces, à freiner un peu leur avance. Elle, alors, l'empoignait plus solidement, le soulevait de terre et l'emportait un bon coup encore. Et elle riait de le voir malgré tout si difficile à manœuvrer. Ils arrivèrent à l'entrée de ma classe où je les attendais en m'efforçant d'avoir l'air sereine.

La mère, dans un lourd accent flamand, me présenta son fils, Roger Verhaegen, cinq ans et demi, bon petit garçon très doux, très docile, quand il le voulait bien – hein Roger! – cependant que, d'une secousse, elle tâchait de le faire taire. J'avais déjà quelque expérience des mères, des enfants, et me demandai si celle-ci, forte comme elle pouvait en avoir l'air, n'en était pas moins du genre à se décharger sur les autres de son manque d'autorité, ayant sans doute tous les jours menacé : «Attends, toi, d'aller à l'école, pour te faire dompter.»

J'offris une pomme rouge à Roger qui la refusa net, mais me l'arracha une seconde plus tard, comme j'avais le regard ailleurs. Ces petits Flamands d'habitude n'étaient pas longs à apprivoiser, sans doute parce qu'après la peur bleue qu'on leur en avait inspirée, l'école ne pouvait que leur paraître rassurante. Bientôt, en effet, Roger se laissa prendre par la main et conduire à son pupitre, en n'émettant plus que de petits reniflements.

Alors arriva Georges, un petit bonhomme silencieux, sans expression,

Story

amené par une mère distante qui me donna les détails nécessaires sur un ton impersonnel et partit sans avoir même souri à son enfant assis à son pupitre. Lui-même ne marqua guère plus d'émotion, et je me dis qu'il me faudrait avoir l'œil sur lui, qu'il pourrait bien être de ceux qui me donneraient le plus de fil à retordre.

Après, je fus entourée tout à coup de plusieurs mères et d'autant d'enfants. L'un d'eux n'arrêtait pas de geindre à petits cris rentrés. La morne plainte atteignit Roger, moins consolé que je ne l'avais cru. Il repartit à sangloter en accompagnement de l'enfant inconnu. D'autres qui avaient été paisibles jusque-là se joignirent à eux. C'est dans cette désolation que je devais procéder à l'inscription. Et d'autres enfants encore arrivaient qui, se découvrant dans un lieu de larmes, se mettaient à chigner.

Alors le ciel certainement me vint en aide, m'envoyant le plus gai petit garçon du monde. Il entra, tout sautillant, courut s'asseoir à un pupitre de son choix et y étala ses cahiers neufs, en riant de connivence avec sa mère qui le regardait faire dans un émoi heureux.

– C'est pas mon petit Arthur qui va vous donner pour deux sous de peine, dit-elle. Depuis le temps qu'il désire venir à l'école!

La bonne humeur de ce petit garçon faisait déjà son œuvre. Autour de lui, des enfants, surpris de le voir si content, s'essuyaient le visage du bout de leur manche et commençaient à regarder la classe d'un autre œil.

Hélas, je perdis du terrain avec l'arrivée de Renald que sa mère poussait dans le dos en l'accablant de préceptes et de recommandations: «Il faut venir à l'école pour s'instruire... Sans instruction on n'arrive à rien dans la vie... Mouche-toi et fais bien attention de ne pas perdre ton mouchoir… Ni tes autres affaires qui nous ont coûté cher...»

Ce petit, il pleurait comme sur un ennui qui n'avait de cesse d'un bout à l'autre de la vie, et ses compagnons, sans rien comprendre à cette peine, pleurèrent avec lui, de sympathie, sauf mon petit Arthur qui s'en vint me tirer par la manche et me dire:

– Ils sont fous, hein!

Un peu plus tard, trente-cinq enfants inscrits et à peu près tranquillisés, je commençais à respirer (…) lorsque, soudain, du corridor, nous parvint un autre cri de douleur. Ma classe, que j'avais cru gagnée à la confiance, frémit en entier, lèvres tremblantes, regards fixés sur le seuil. Alors parut un jeune père auquel était accroché un petit garçon, son image si vivante, aux mêmes yeux sombres et désolés, à l'air souffreteux, qu'on aurait pu avoir envie de sourire si ces deux-là n'eussent exprimé, l'un autant que l'autre, la douleur de la séparation.

Le petit, cramponné à son père, levait vers lui un visage inondé de larmes.

Dans leur langue italienne, il le suppliait, à ce qu'il me parut, de ne pas l'abandonner, par la grâce du ciel de ne pas l'abandonner!

Presque aussi bouleversé, le père s'efforçait de rassurer le petit garçon. Il lui passait la main dans les cheveux, sur les joues, lui essuyait les yeux, le câlinait, le berçait de mots tendres maintes et maintes fois répétés qui semblaient signifier: «Tout ira bien... Tu verras... C'est ici une bonne école... Benito... Benito... « insistait-il. Mais l'enfant lançait toujours son appel désespéré: «La casa! La casa!» (…)

J'allai à leur rencontre avec le plus large sourire possible. À mon approche l'enfant cria de frayeur et se cramponna encore plus fortement à son père à qui il communiqua son tremblement. Je vis que celui-ci n'allait pas m'être d'un grand secours. Au contraire, par ses caresses, ses mots doux, il n'aboutissait qu'à entretenir chez l'enfant l'espoir qu'il le ferait fléchir.

Et, de fait, le père se mit à plaider avec moi. Puisque le petit était si malheureux, ne valait-il pas mieux pour cette fois le ramener à la maison, quitte à essayer encore cet après-midi ou le lendemain, alors qu'il aurait eu le temps de bien expliquer à l'enfant ce qu'était l'école.

Je les vis suspendus à ma décision, et pris mon courage à deux mains: «Non, quand il faut couper la branche, rien ne donne d'attendre.»

Le père abaissa tristement les yeux, obligé de me donner raison. Il s'efforça de m'aider un peu. Même à nous deux nous eûmes beaucoup de peine à détacher l'enfant, desserrions-nous une main qu'aussitôt elle nous échappait pour s'agripper de nouveau aux vêtements du père. Le curieux était que tout en s'accrochant à son père, il lui en voulait de s'être mis de mon côté et le traitait à travers ses larmes et ses hoquets de sans-cœur et de vaurien.

Enfin le père fut libre un instant pendant que je retenais le petit garçon de peine et de misère. Je lui fis signe de partir au plus vite. Il franchit le seuil. Je fermai la porte derrière lui. Il la rouvrit d'un doigt pour me désigner le petit du regard en disant:

– C'est Vincento!

Je lui fis comprendre que d'autres détails pouvaient attendre, Vincento ayant presque réussi à m'échapper. Je le rattrapai de justesse et refermai la porte. Il s'y rua tout en se haussant pour atteindre la poignée. Maintenant il ne criait ni ne pleurait, toute son énergie appliquée à se sortir d'ici. Le père ne s'en allait toujours pas, cherchant à voir par le haut vitré de la porte comment se comportait Vincento et si j'avais l'air d'en venir à bout. À son visage anxieux on eût dit qu'il ne savait ce qu'il souhaitait. Et encore une fois le petit fut sur le point de filer sous mes yeux, ayant réussi à faire tourner la poignée. Alors je donnai un tour de clé à la porte et mis la clé dans ma poche.

Un silence houleux nous enveloppa qui parut s'étendre jusqu'au père que je

Story

n'entendais plus respirer et dont le regard agrandi de surprise guettait nos moindres mouvements.

Pour l'instant, Vincento réfléchissait, ses immenses yeux faisant le tour de la situation. Soudain, avant que j'aie pu le voir venir, il fonça sur moi, m'envoyant à la volée des coups de pied dans les jambes. J'en vis des éclairs, mais n'accusai pas le choc. Alors, un peu honteux peut-être de son fils ou assuré au contraire qu'il saurait se défendre, le père enfin se décida à partir.

Vincento, son sort entre ses seules mains, parut désespérément chercher un plan d'attaque, une stratégie, puis, comme s'il n'y avait vraiment rien devant lui, il poussa un terrible soupir, son courage l'abandonna, il rendit les armes. Il ne fut plus qu'une petite créature brisée, sans soutien ni ami dans un monde étranger. Il courut se blottir par terre dans un coin, la tête enfouie dans ses mains, enroulé sur lui-même et gémissant comme un petit chien perdu.

Du moins ce vrai et profond chagrin fit taire net mes pleurnicheurs. Dans un silence total, Vincento exhalait sa plainte. Certains enfants, en cherchant mon regard, se donnaient une mine scandalisée comme pour me dire: «C'en fait une manière de se conduire.» D'autres, pensifs, considéraient la petite forme écrasée par terre et poussaient aussi des soupirs.

Il était grand temps de faire diversion. J'ouvris une boîte de craies de couleur et en fis la distribution, invitant les enfants à venir au tableau y dessiner chacun sa maison. Ceux qui d'abord ne saisirent pas le sens de mes paroles, comprirent dès qu'ils eurent vu leurs compagnons en train d'esquisser des carrés munis de trous pour indiquer portes et fenêtres (…)

Je dressai en haut du tableau un bâtiment qui était ni plus ni moins que les maisons mises bout à bout et les unes au-dessus des autres. Les enfants reconnurent leur école et se prirent à rire dans leur contentement de se situer. Je traçai maintenant un chemin descendant de l'école vers le bas où étaient les maisons. Mon gai petit élève eut le premier l'idée de se représenter sur cette route par un bâton surmonté d'un rond où les yeux étaient placés sur les côtés de la tête comme souvent chez les insectes. Alors tous voulurent être sur cette route. Elle se couvrit de petits bonshommes s'en allant à l'école ou en revenant.

J'écrivis le nom de chacun dans un ballon au-dessus des images. Ma classe en fut enchantée. Quelques-uns se plurent à ajouter à leur personnage quelque détail qui le distinguerait des autres. Roger, qui était arrivé en chapeau de paille de fermier, travailla bien fort à coiffer le bâton qui le représentait. Cela fournit le curieux spectacle d'une énorme boule se mouvant sur de petits bouts de jambe. Roger se prit à rire aussi fort qu'il avait pleuré. Une sorte de bonheur commençait à habiter ma classe.

Je jetai un coup d'œil sur Vincento. Ses gémissements s'espaçaient. Sans se hasarder à découvrir son visage, il tâchait entre ses doigts écartés de suivre ce qui se passait et qui apparemment l'étonnait beaucoup. Surpris à un moment d'entendre rire, il s'oublia à laisser retomber une de ses mains. Dans un fin regard il découvrit que tous sauf lui avaient leur maison et leur nom au tableau. Sur son petit visage gonflé et rougi par les larmes, se peignit, au milieu de la détresse, le désir d'y être lui aussi représenté.

Je m'avançai vers lui, un bâton de craie à la main, me faisant toute conciliante.

– Viens donc, Vincento, dessiner la maison où tu habites avec ton papa et ta maman.

Ses troublants yeux de braise aux longs cils soyeux me regardèrent en face. Je ne savais que penser de leur expression, ni hostile, ni confiante. J'avançai encore d'un pas. Soudain il se souleva et, en équilibre sur un pied, détendit l'autre comme sous la poussée d'un ressort. Il m'atteignit en pleine jambe de la pointe de sa bottine ferrée. Cette fois je ne pus réprimer une grimace. Vincento en eut l'air ravi. Quoique le dos au mur et accroupi, il me faisait front, me donnant à entendre que de lui à moi ce ne pouvait être qu'œil pour œil, dent pour dent. Peut-être était-ce l'affaire de la clé qu'il avait tellement sur le cœur. Plus qu'une peine d'âme, la rancune semblait maintenant le tenir (…)

Après le déjeuner, je revins à l'école, la mort dans l'âme. Tout va être à recommencer, me disais-je. Ils vont revenir en larmes, le père, l'enfant. Je vais avoir à les séparer encore une fois, chasser l'un, combattre l'autre. Ma vie d'institutrice m'apparaissait sous un jour accablant. Je me hâtais pourtant, histoire de m'armer en prévision de la lutte à venir.

J'arrivai à un angle de l'école. Il y avait là, à quelques pieds du sol, une fenêtre à embrasure profonde. J'y distinguai une toute petite forme tapie dans l'ombre. Dieu du ciel, serait-ce mon petit desperado venu m'attaquer à découvert?

La forme menue risqua la tête hors de sa cachette. C'était bien Vincento. Ses yeux brillants m'enveloppèrent dans un regard d'une intensité passionnée. Qu'est-ce qu'il rumine? Je n'eus pas le temps de penser plus loin. Il avait bondi. Il était à mes pieds comme Vendredi à ceux de son maître. Ensuite – et aujourd'hui encore me paraît-il impossible ce qu'il accomplit – il grimpa à moi comme un chat à un arbre, s'aidant à petits coups de genoux qui m'enserrèrent les hanches, puis la taille. Parvenu au cou, il me serra à m'étouffer. Et il se mit à me couvrir de gros baisers mouillés qui goûtaient l'ail, le ravioli, la réglisse. J'en eus les joues barbouillées. J'avais beau, le souffle court, le supplier: «Allons, c'est assez, Vincento...», il me serrait avec une force incroyable chez un si petit être. Et il me déversait dans l'oreille un flot de mots en langue italienne qui me semblaient de tendresse.

Pour arriver à lui faire lâcher prise, je dus l'amener au calme, peu à peu, avec de petites tapes amicales dans le dos, le serrant à mon tour et lui parlant sur un ton affectueux dans une langue qu'il ne connaissait pas plus que je ne connaissais la sienne, j'eus à le rassurer de la peur déchirante qu'il semblait à présent avoir de me perdre.

Enfin il se laissa déposer sur le sol. Il tremblait de cet anxieux grand bonheur qui s'était abattu sur lui, bien petit encore pour en supporter l'intensité. Il me prit la main et me tira vers ma classe plus vite que je n'y avais jamais été de moi-même.

Il me conduisit de force à mon pupitre, en choisit un pour lui au plus près, s'y assit, les coudes sur la tablette, le visage entre les mains. Et, faute de savoir me dire son sentiment, il s'abîma, comme on dit, à me manger des yeux.

Pourtant… ensuite… passée cette journée de violence… je ne me rappelle plus grand-chose de mon petit Vincento… tout le reste fondu dans une égale douceur.

© Advance Materials 2010 *Lire, imaginer, composer*